大学体育教学的理论与实践研究

周建辉　王　平　刘园园　著

中国青年出版社

图书在版编目(CIP)数据

大学体育教学的理论与实践研究/周建辉,王平,刘园园著.--北京:中国青年出版社,2024.11.
ISBN 978-7-5153-7583-0

Ⅰ.G807.4

中国国家版本馆 CIP 数据核字第 2025UN1376 号

大学体育教学的理论与实践研究

作　　者:	周建辉　王　平　刘园园
责任编辑:	刘　霜　罗　静　邵明田
出版发行:	中国青年出版社
社　　址:	北京市东城区东四十二条 21 号
网　　址:	www.cyp.com.cn
编辑中心:	010－57350508
营销中心:	010－57350370
经　　销:	新华书店
印　　刷:	北京联兴盛业印刷股份有限公司
规　　格:	710mm×1000mm　1/16
印　　张:	9.5
字　　数:	131 千字
版　　次:	2024 年 11 月北京第 1 版
印　　次:	2024 年 11 月北京第 1 次印刷
定　　价:	68.00 元

如有印装质量问题,请凭购书发票与质检部联系调换

联系电话:010－57350337

前　言

大学生正处于身体发育的旺盛阶段,因此树立健康第一的思想,培养良好的体育锻炼习惯,掌握科学的体育锻炼方法,对提高大学生个人身体素质,具有特别重要的意义。本书通过理论与实践相结合的方式对大学体育教学的理论与实践进行了系统性研究。

首先,本书以大学体育教学的基本理论为切入点,阐述了大学体育教学的过程和方法;其次,从大学体育教学创新实践研究、大学体育项目的教学与训练实践、大学体育教学力量素质实践训练研究和大学体育教学速度素质实践训练研究四个方面进行分析。

笔者在撰写本书时查阅了一些相关文献,论述综合全面,语言通俗易懂,为广大从事大学体育教学理论与实践研究的研究者提供了很多有益的素材。但由于笔者写作水平有限,本书难免有不妥和错漏之处,需要在今后的撰写中不断加强,恳请广大读者批评指正。

目　录

第一章　大学体育教学的基本理论 …… 1
第一节　体育的结构与功能 …… 1
第二节　大学体育教学概述 …… 4
第三节　大学体育教学的相关理论 …… 12
第四节　大学体育教学的对象 …… 21

第二章　大学体育教学的过程 …… 28
第一节　体育教学过程的含义与性质 …… 28
第二节　体育教学过程中的规律 …… 32
第三节　体育教学过程的优化与管理 …… 37

第三章　大学体育教学的方法 …… 39
第一节　大学体育教学的方法 …… 39
第二节　体育教学方法的设计理念和选用 …… 49
第三节　体育教学方法的影响因素 …… 52

第四章　大学体育教学创新实践研究 …… 56
第一节　体育教学的创新实践路径 …… 56
第二节　大学体育教学的数字化发展与课程整合实践探析 …… 63
第三节　"互联网＋"背景下大学体育教育智慧化发展创新 …… 70

第五章 大学体育项目的教学与训练实践 …… 76
第一节 大学体育教学实践研究 …… 76
第二节 大学篮球教学与训练实践研究 …… 79
第三节 大学羽毛球教学与训练实践研究 …… 95

第六章 大学体育教学力量素质实践训练研究 …… 106
第一节 力量素质及影响力量的因素 …… 106
第二节 力量素质训练方法设计 …… 114
第三节 力量素质训练的注意事项 …… 122

第七章 大学体育教学速度素质实践训练研究 …… 126
第一节 速度素质及影响速度的因素 …… 126
第二节 速度素质训练方法设计 …… 132
第三节 速度素质训练的注意事项 …… 136

参考文献 …… 143

第一章　大学体育教学的基本理论

第一节　体育的结构与功能

体育是以人为核心要素,以人体发展为目标,以人作为活动主体的系统。它以一种形态出现并存在于教育活动之中,属于人类身体实践活动的范畴,是为达到一定目的而实施的整体过程,必然具有一定的结构和功能。

一、体育的结构

体育过程是由若干相互依存、相互制约的要素组成的整体过程,既包括活动的要素,也包括活动的过程。从体育过程的系统整体观看,体育的结构是体育系统内部中各组成要素之间的相互联系、相互作用的方式,构成体育整体过程的要素,规定了体育的性质和特征;从体育过程的空间结构看,体育的结构要素包括人与体育的手段和方法两个方面,它决定了人与体育之间的有机联系和相互作用的方式,决定了体育的活动形式;从体育过程的时间结构来看,体育的结构要素则包括体育的目标、内容、方法、组织形式和结果。

体育活动的目标主要是通过锻炼身体,增强人的体质,促进人的身心全面发展。体育的内容就是体育的手段,是根据体育的目标选择的体育活动的基本内容,它包括可用来锻炼身体、增强体质的知识、技能和方法。体育的方法是体育手段的"软件",是连接体育目标与体育手段的"中介",

是根据人体适应与变化的自然规律,用自身的动作来增强体质,促进人的身心健康发展的方式、程序和手段。体育的方法服从于体育的目标,如果违背体育的预期目标,人就成了运动的工具,这也意味着体育的异化,体育中人的主体性将丧失。体育的组织形式可以是个人的,也可以是集体的,但都必须根据人的不同生理、心理特点,因时、因地地采用。体育的结果可通过对人的体质的测定和评价,来确定是否达到了预期的体育目标并建立新的体育目标。每个人都应该根据自身生理、心理变化的规律主动选择体育活动,以更好地满足个体自身发展的需要,而不是让人类个体盲目地适应各种运动。

二、体育的功能

体育具有一定的结构,必然就有一定的功能。体育的功能是指体育系统具有的作用、行为、能力和功效等。下面就将体育在促进人全面发展方面的重要作用予以阐述。

(一)体育的主要作用是促进人自然属性的发展

1. 体育能促进人自然个体的生长发育和成熟

人身体的发展是指作为个体的人从出生到生命终结在生理、心理结构两方面有规律的进行量变的过程。人通过体育活动可以促进自身身体骨骼、肌肉以及内脏器官的正常生长和发育,使人体形态匀称、姿态正确、动作自然,向健与美的方向发展。

2. 体育能促进人体生理功能水平的提高

体育锻炼是促进人体新陈代谢的一种良好刺激,能引起人体组织系统的兴奋,加剧体内物质代谢和能量转换,促进人体血液循环,提高心脏功能和改善呼吸机能,使人体生理功能水平得以提高,使机体获得更加旺盛的生命力。

3. 体育能促进人心理机能的发展

人的心理机能是在生理机能的基础上建立起来的,也是大脑的机能。体育活动正是通过促进人的大脑的发育和功能的发展,不断地调节人的某些不健康的情绪,提高人体运动的感、知觉能力和形象思维能力,使人精力充沛,生命力旺盛。因此,精力是否充沛,生命力是否旺盛,成为衡量一个人体质强弱的重要标志。

4.体育能促进人体能的增强

体能是指人体在身体活动中表现出来的能力,包括身体素质和人的基本活动能力。身体素质是人类从事一些活动的基础;人的基本活动能力则是身体素质的表现。通过体育活动有计划地发展人的体能,是人全面发展的重要内容。但是,体育利用人的身体器官进行的运动并不是增强人体体能的目的而是手段,把人的身体素质和基本活动能力转化为人的日常劳动和生活所需的机能,这才是现阶段增强人体体能的根本目的。

(二)体育是促进人社会属性全面发展的重要手段

人不仅具有自然属性,还具有社会属性。人的自然属性和社会属性是统一而不可分割的。作为社会主体的人一旦形成,生物规律对人的发展就越来越居于次要地位。体育促进人社会属性的发展,主要通过促进作为生产关系的人以及作为生产力的人的全面发展而展开。

1.体育能促进作为生产关系的人的全面发展

作为生产关系的人的发展是指在个体身上表现为人的情感、意志、性格等的发展。体育活动可以提高人身体的各种灵活性,培养人的各种动作韵律感。在体育活动中,人与人之间、个人与集体之间存在着复杂的行为关系,人是参与者同时又是观赏者。因此,体育对于增进人与人之间的友谊,培养爱国主义、集体主义精神,提高服从组织、遵守纪律的自觉性,建设社会主义精神文明,培养人思想品德,具有较大作用。

情感、意志、性格是建立在人的低级心理机能之上的高级心理机能,是人社会属性的高层次体现。体育作为人类的重要活动之一,是促进人情感、意志、性格发展的重要途径。体育活动能培养人热爱集体、团结友爱、互帮互助和不怕困难的乐观主义精神,促使人的情感社会化;另外,体育活动还能培养人的道德情操、美感和理智感,发展人勇敢、果断、自制和坚韧不拔等意志品质。

2.体育能促进作为生产力的人的全面发展

社会生产力表现为人与自然的关系。发展生产力表现在个体身上,其主要内容是指发展人的体力和智力。体育能促进青少年一代身体的全面协调发展,特别是在学校体育的各种活动中,不仅包含人的体力活动,还包括丰富的智力活动,如各种游戏、球类运动等。经常从事体育锻炼可以增强脑组织的缓冲性和抗酸碱能力,提高氧化酶系统的作用,有利于提高人的记忆力和更好地发挥思维能力,使人体潜在智力和精神活动能力得到充分发展。

健康的身体是人获得多方面才能的基础。现代社会的发展需要的不是自然状态下的劳动力,而是掌握一定科学知识和多种技能的"发达劳动力"。这样的人必须具有较强的组织、表达、适应、操作和创造能力,而这些能力的发展是建立在身体健康的基础之上的。体育能更好地完成增强人的体质的根本任务,并紧密配合教育充分发挥这一作用。大学体育必须为提高整个中华民族素质,培养掌握各种技能的社会主义建设者和接班人服务。

第二节　大学体育教学概述

一、大学体育教学的目标

(一)培养学生体质健康

为了培养学生的体质健康,体育教学设定了一系列目标和任务。首要目标是确保学生的身体素质得到全面发展和提升。在教学过程中,教师开展多种多样的体育活动,如有氧运动、力量训练、柔韧性训练等,来促进学生的身体素质发展。此外,为了使学生持久地保持良好的身体素质,教师在教学中还注重引导学生养成良好的运动习惯和生活方式。

在体育教学中,培养学生体质健康的任务是逐步实现的。首先,学生需要进行身体素质测试,以便教师了解他们目前的身体状况,并为后续制订教学内容和训练计划打好基础。其次,教师会根据学生的身体状况和需求,制订合理的教学计划和训练方案。这些计划和方案旨在通过系统的训练和指导,提高学生的体质水平。教师在体育教学中还注重帮助学生树立正确的运动观念,激发他们参与体育锻炼的兴趣和动力。

在培养学生体质健康的过程中,大学体育学科还注重开展与其他学科的跨学科合作。通过与运动医学、运动康复、营养学等相关学科的紧密合作,大学体育教学可以更好地为学生提供全面的健康指导和咨询服务。这种跨学科的合作,促进了大学体育教学的发展,同时也为学生创造了更好的学习和发展环境。

(二)提升学生运动技能

提升学生运动技能是大学体育教学的重要目标之一。在培养学生体质健康的基础上,通过系统的训练和指导,可以提高学生的各项运动能力和技巧,可以在各个体育项目中熟练运用所学技能。

提升学生运动技能需要制订科学合理的训练计划。针对不同的运动项目,应制订相应的课程内容和训练计划,以确保学生能够逐步掌握和提高相关技能。例如,在篮球项目中,可以通过分阶段的训练,从让学生掌握基本的运球、投篮技巧开始,逐渐引导学生掌握传球、盘带、运动战术等复杂的技能。

提升学生运动技能需要体现个性化的教学方法。每个学生的身体条件、兴趣爱好以及运动基础都不尽相同,因此,教师在教学中应充分考虑学生的个体差异,使用个性化的教学方法,以满足不同学生的学习需求。个性化的教学方法包括分组训练、个别辅导等。另外,教师借助现代科技手段,如视频分析和运动仿真,也可以为学生提供更具针对性的培训和指导。

提升学生运动技能还需注重实践和反馈。在体育教学过程中,教师可以加强实践训练,通过反复练习和实践训练,帮助学生掌握和巩固技术动作。同时,教师要及时地给予学生反馈和评价,帮助学生发现错误和纠正错误,进一步提升学生的运动技能。

提升学生运动技能也需要注重培养学生的运动自信心。在体育教学过程中,教师应尊重学生个人的发展进程,以鼓励和支持学生为主导,激发学生的学习兴趣和积极性;适当设置个人挑战和团队合作的任务,帮助学生不断突破自我,培养学生的运动自信心和团队协作精神。

(三)培养学生良好的运动习惯

在体育教学中,培养学生良好的运动习惯是一个重要的教育目标。良好的运动习惯不仅对学生的身体健康有益,还对其终身的运动发展起到决定性的作用。在培养学生良好运动习惯的过程中,应该遵循以下原则。

1. 培养学生的自觉性

学生应该意识到运动不仅仅是体育课上的一项活动,而是一种生活方式。学生要明白,良好的运动习惯的养成需要日常的坚持和积累。教师要通过鼓励学生自主选择自己感兴趣的运动项目,并培养学生运动的自觉性,使学生逐渐养成良好的运动习惯。

2. 提供多样化的运动体验

学校可以提供丰富多样的运动项目,如健美操、篮球、足球、羽毛球等。在不同的项目中,学生可以尝试不同的运动方式,激发其对不同运动项目的兴趣。多样化的运动体验能够激发学生对运动的热爱,并且促使他们形成全面的体育素养。

3. 培养学生的自律性

学生要想养成良好的运动习惯,就必须进行自我约束和管理。学生需要具备合理安排运动时间、合理控制运动强度的能力。在体育课堂上,教师可以通过引导学生制订运动计划和目标来培养他们的自律性;同时,学校还可以组织学生参加一些运动挑战赛,激发他们的竞争欲望和自我约束力。

4. 营造良好的运动环境

学校应该为学生提供良好的运动设施和器材,创造舒适的运动场地和氛围,让学生在良好的运动环境中运动;此外,学校还可以通过与社区、俱乐部等进行合作,为学生提供更多的运动资源和机会,扩大他们的运动范围。良好的运动环境能够激发学生的积极性和主动性,促使他们培养出良好的运动习惯。

(四)培养学生的团队协作精神

在大学体育教学中,培养学生的团队协作精神是一个重要的目标。学生拥有团队协作精神不仅能够在体育活动中促进学生之间的交流与合作,还能够为他们今后的社会生活和工作打下坚实的基础。

通过体育活动中的团队协作,学生能够学会与他人进行有效合作。团队协作要求团队成员相互理解、互相支持,并为实现共同的目标而努力。他们需要学会协调彼此的动作,互相配合,形成一个高效的整体。团队协作精神能够在学生将来的职业生涯中发挥重要的作用,无论是企业中的团队合作,还是在社会中的交流合作,都要求个体能够与他人进行良好的协作。

团队协作能够培养学生的领导能力和沟通能力。在团队中,学生需要扮演不同的角色,有时可能需要充当"领导者"角色,有时可能需要充当"追随者"角色。通过这样的经历,学生能够学会领导他人、激励他人,并能够主动地与他人进行有效的沟通和协商。这些能力对于学生今后的发展非常重要,无论是在管理岗位上还是在团队合作中,都需要具备良好的领导能力和沟通能力。

团队协作能够培养学生的责任心和集体荣誉感。在团队中,每个成员都需要承担一定的责任和义务,共同为团队的成功而努力。成员需要意识到自己的行为和决策对整个团队的影响,并愿意为团队的利益作出努力和付出。学生通过这样的经历,能够培养自身的团队意识和集体荣誉感,懂得在面对困难时只有团结起来,才能战胜困难,并为团队的荣誉和成就感到骄傲。

二、大学体育教学的特点

（一）实践性

大学体育教学的一个显著特点是实践性。实践性是指在体育教学中注重学生实践能力的培养和实践经验的积累。在大学体育教学中，学生通过参与各种体育活动和实践操作，能够身临其境地感受运动的乐趣，加深对体育知识理论的理解，并将其运用于实践操作中。

实践性体育教学的目的是培养学生的运动技能和运动能力，提升他们在体育活动中的自信心。通过积极参与各种体育项目的训练和比赛，学生能够不断提高自己的体育水平，并在实践中体验到运动带来的快乐与成就感。此外，实践性体育教学还能够培养学生的合作意识和团队精神。在各种体育活动中，学生需要与他人合作，共同完成任务。学生通过与他人合作，能够学会相互协作、相互支持，进而培养出良好的合作意识和团队精神。

实践性体育教学的实施需要注重方法和手段的运用。在体育课堂上，教师可以采用拆解式教学法、案例研究法等教学方法，引导学生进行实践操作；同时，教师也可以运用现代化的体育教学设备和技术，如体育模拟 APP 等，更好地帮助学生理解和掌握体育技能。

（二）系统性

系统性是大学体育教学的特点之一。在实施大学体育教学的过程中，教师不仅要关注学生的个体发展，还需要将其纳入一个完整的教学体系之中。大学体育教学的系统性体现在多个方面。

大学体育教学要与其他学科教学相互衔接，形成一个有机的整体。体育教学作为一门学科，应该与其他学科相互渗透、相互支撑，形成知识的交叉和融合。例如，体育教学可以与生物学、心理学等学科结合，探讨运动对身体和心理健康的影响。系统性的教学能够促进学生全面发展，进而促进学生综合素质的形成。

大学体育教学应该注重教学内容的有机组织和结构化设计。大学体育教学的内容应该按照一定的规律和次序进行组织,形成一个系统的知识框架。例如,可以按照不同运动项目进行分类,逐步深入地讲解不同运动项目的技术要点、规则和战术。这样的有序教学能够提高学生的学习效果,培养学生分析和解决问题的能力。

大学体育教学的系统性还表现在教学方法的选择和运用上。体育教学应该采用多种教学方法,如讲解、演示、实践等,使学生全面参与学习。通过系统的实践训练,学生不仅可以掌握基本的运动技能,还可以培养学生的团队合作精神、竞争意识和自我管理能力。系统性的教学方法不仅使学生感到丰富多样,而且能够真正提高他们的学习效果。

(三)寓教于乐性

寓教于乐性是指将教学活动与乐趣相结合,进而激发学生的学习兴趣和学习积极性。在大学体育教学中,寓教于乐性的运用是非常重要且必要的。寓教于乐性的运用有以下四点作用。

第一,寓教于乐性可以激发学生的学习兴趣和学习积极性。在传统的教学模式中,学生可能会觉得体育课是枯燥乏味的,往往缺乏主动参与的积极性。而通过寓教于乐的方式,如设立游戏性的体育项目、举办体育娱乐赛事等,可以让学生在愉悦的氛围中参与体育活动,激发他们的学习兴趣和学习积极性,使其主动投入体育教学中。

第二,寓教于乐性可以提高学生的学习效果。学生在愉悦的氛围中学习,他们的注意力和记忆力会更加集中,学习效果也会更好。在大学体育教学中,教师引入游戏化教学,可以提升学生的参与度和增强学生的体验感,提高他们在体育知识和技能方面的学习效果。

第三,寓教于乐性可以培养学生的团队协作和社交能力。在体育课上进行合作性的游戏和活动,需要学生相互配合、相互协作,这样可以培养他们的团队意识和合作精神。同时,通过与其他同学的互动,学生也能够提高自己的社交能力。

第四,寓教于乐性有助于培养学生的身心健康。体育活动本身就是一种锻炼身体、促进健康的方式。通过寓教于乐的体育教学,学生不仅能够获得知识和技能,还能够享受到运动带来的快乐。这有助于调节学生的情绪,改善他们的心理状态,提高他们的身心健康水平。

(四)面向全体学生

大学体育教学的一个重要特点是面向全体学生,即不分性别、年龄、专业等,所有学生都应参与体育教学活动。这一特点的确立是为了实现大学体育教学的目标,提高全体学生的身体素质和综合能力,促进学生全面发展。

在面向全体学生的大学体育教学中,应注重理论与实践相结合,既强调课堂教学,又注重课外实践。这样可以使学生更好地掌握体育知识和技能,同时培养学生的实践能力和团队合作精神。面向全体学生的大学体育教学还应注重个性化教学,根据学生的不同特点和需求开展有针对性的教学活动。

面向全体学生的大学体育教学与其他科目的教学有所不同,它要求教师充分尊重学生的个体差异,灵活运用不同的教学手段和方法满足不同学生的需求。另外,教师应激发学生的兴趣和参与热情,让他们在体育教学中感受到快乐和成就,同时教师还应培养学生的自信心和自律意识。

面向全体学生的大学体育教学还要注重公平性和包容性。无论学生的身体条件如何,每个人都应该有平等发展的机会,都应该得到尊重和关爱。教师应该树立正确的评价观念,不仅要关注学生的成绩和表现,还要关注学生的进步和努力;同时,在体育教学活动中,也应该给予特殊学生更多的关怀和支持,为特殊学生创造一个包容的教育环境。

三、大学体育教学的原则

教学原则是大学体育教学中的重要指导原则,它对于教学活动的组织、实施和评估具有重要的指导作用。在大学体育教学中,应当遵循以下五点教学原则。

（一）因材施教原则

大学体育教学应根据学生的身体素质、兴趣爱好和能力水平的差异，采取因材施教的教学方法。教师在制订教学计划时，应充分考虑学生的个体差异，准确把握每位学生的特点，因材施教，为每位学生提供适宜的学习和发展环境。

（二）循序渐进原则

大学体育教学应按照一定的教学步骤和学习层次，循序渐进地组织和实施教学活动。教师应根据学生的学习进程和能力水平，合理安排教学内容和学习任务，逐步引导学生由易到难地掌握运动知识和运动技能。

（三）互动性原则

大学体育教学应强调教师与学生之间的互动。教师不仅要发挥主导作用，主动与学生互动，还要积极引导学生发言、思考和交流，鼓励学生之间的互动。教师和学生通过互动，在课堂上营造出积极活跃、情感饱满的教学氛围，可以激发学生的学习兴趣和学习动力。

（四）综合性原则

大学体育教学应注重培养学生的综合素质。教师在教学过程中，不仅要注重学生的运动技能培养，还要注重学生的体育意识、体育知识、体育情感和体育价值观的培养。教师通过综合性教学，可以培养学生的多方面能力，进而提升学生的综合素质。

（五）评价导向原则

大学体育教学应注重教学效果的评价与反馈。教师应制定科学合理的评价体系，对学生的学习成果进行及时的评价和反馈。评价结果可以帮助学生了解自己的学习水平和不足之处，同时也有利于教师调整教学策略和方法，提高教学效果。

第三节 大学体育教学的相关理论

一、行为主义学习理论

（一）行为主义学习理论概述

行为主义学习理论是一种关注学习行为和外部刺激之间关系的学习理论，其核心观点是人的行为是在外界刺激的影响下产生的，而学习的目标是培养和加强特定的行为模式。行为主义学习理论强调，通过强化强力和惩罚来调节行为，倡导通过对学习者的反应作出相应的奖励和惩罚，以促使学习者形成学习期望。

在大学体育教学中，行为主义学习理论具有一定的指导意义和应用价值。首先，行为主义学习理论提供了精细的教学策略，如创造环境、设定目标、提供反馈等，这些策略都有利于激发学生的学习兴趣。其次，行为主义学习理论关注个体的具体行为表现，有助于教师了解学生的学习进程和表现，从而进行有效的教学调整和改进。

在大学体育教学中，运用行为主义学习理论的策略可以取得一定的实际效果。例如，教师可以设定明确的学习目标，并及时对学生的表现进行反馈，以增强学生的自信心。此外，教师还可以通过奖励和惩罚来引导学生形成和巩固期望的行为模式，从而提高学习效果。

（二）行为主义学习理论在大学体育教学中的策略

行为主义学习理论是一种重视学习者行为反应和外部刺激之间关系的学习理论。在大学体育教学中，行为主义学习理论可以被应用于制定一系列有效的教学策略，以提高学生的学习成效和技能水平。

首先，通过明确的目标设定和任务要求来激发学生的学习动机。在大学体育教学中，教师可以设置明确的学习目标，如要求学生完成某项技能动作，掌握某种战术策略等。

其次，通过建立明确的反馈机制来加强学习效果。行为主义学习理论强调积极的外部反馈对于学生学习的重要性。在大学体育教学中，教师可以及时给予学生正确的反馈，如表扬学生的出色表现、纠正学生的错误动作、提供建设性的指导意见等。这样的反馈可以让学生及时了解自己的学习状况，激发学生的学习动力，并且有助于他们不断调整自己的行为，从而提高学习效果。

再次，借助适当的奖惩机制来加强学生的行为控制。在大学体育教学中，教师可以设计一些奖励措施，如给予学生积分、表彰学习表现突出的学生等，以激励学生积极参与学习和努力提高体育水平。同时，教师还可以采取适当的惩罚措施，如取消一次训练机会或降低评分等，以约束学生不良的行为习惯，促使其调整和改进不良行为习惯。

最后，引入协同学习和模仿学习来促进学生的社会化学习。行为主义学习理论强调知识是通过观察和模仿他人的行为而获得的。在大学体育教学中，教师可以倡导学生之间的协同学习，让学生互相观察、模仿和学习；同时，教师还可以引入优秀的榜样，如请专业选手进行展示和示范，通过让学生学习他们的优秀技能和动作，激发学生的学习兴趣和积极性。

（三）大学体育教学中行为主义学习理论的实际效果

行为主义学习理论在大学体育教学中具有重要的应用价值，其实际效果也备受关注。在实施行为主义学习理论的教学策略过程中，教师通过制定明确的学习目标和详细的教学计划来指导学生的学习行为，以期能够达到预期的学习效果。

行为主义学习理论注重强化学习。在大学体育教学中，教师通常会通过建立刺激与反应的联系，及时给予学生积极的强化，如及时鼓励和肯定学生，以增强学生对良好学习行为的重视和信心。这种正向强化对于提高学生的参与度和学习动力非常有效。

行为主义学习理论强调反馈的重要性。在大学体育教学中，教师通过给予学生准确的反馈来帮助他们调整学习行为和提高学习效果。教师可以运用各种方式,如直接口头反馈、书面批注、视频录像等,将学生的表现进行客观评价,并根据评价结果指导学生改进。因此,有效的反馈能促使学生学习进步。

行为主义学习理论还倡导重复和练习。在大学体育教学中,教师会设计一系列重复性和练习性的活动来加强学生对知识和技能的应用和巩固。通过反复实践和练习,学生能够逐渐掌控正确的动作和技巧,提高运动水平。因此,反复练习对于提高学生的技能水平有很大的帮助。

行为主义学习理论鼓励学生的积极参与与合作。在大学体育教学中,教师可以设计一些团队活动或合作项目,鼓励学生参与其中,借此帮助学生培养团队意识和合作精神,促进学生之间的学习和进步。

二、认知主义学习理论

(一)认知主义学习理论概述

认知主义学习理论是一种关注个体思维过程和知识构建的学习理论。它强调学习者通过主动参与自己的学习过程来构建新的知识。认知主义学习理论的核心概念是学习者的认知结构和认知活动。

学习者的认知结构是指个体对知识的组织和理解方式。根据认知主义学习理论,学习者在学习新知识时,会将新知识与已有的知识进行联结和整合,促使自身的认知结构不断改变和发展,进而建立更为深入的认知结构。

认知主义学习理论强调学习过程中的认知活动。学习者通过注意、感知、记忆和解决问题等认知活动来获取和处理信息。学习者不是被动地接受知识,而是积极地思考、分析和应用知识。认知活动的目的是促进学习者的思维发展和对知识的深入理解。

在大学体育教学中,认知主义学习理论的应用具有重要意义。首先,教师可以通过引导学生主动参与学习,促进他们对体育知识的建构和理解。例如,在教授某项技能时,教师可以提供问题并提示,激发学生的思考和探索,帮助他们理解技能的原理和应用。其次,教师还可以通过组织可视化和图像化的教材和教具来帮助学生建立认知结构。例如,在教授规则和战术时,教师可以使用图表、示意图和演示视频等工具,帮助学生更清晰地理解和记忆相关的知识。最后,教师也可以通过配合适当的评价和反馈机制帮助学生发现和修正自己的错误,从而促进学生的认知发展。通过及时的反馈和指导,学生能够更好地调整自己的学习策略和方法,提高学习效果。

(二)认知主义学习理论在大学体育教学中的策略

在大学体育教学中,认知主义学习理论提供了多种策略和方法,以促进学生的主动学习、深度学习和高效学习。

制定明确的学习目标是认知主义学习理论的核心。在大学体育教学中,教师应该将学习目标明确地告知学生,使学生了解他们即将学习的内容以及学习的目的。例如,在教授某种体育技术时,教师可以告诉学生他们将学习这项技术的基本步骤、技巧和应用场景,以及学习该技术的意义和目的。通过明确的学习目标,学生能够更好地理解和掌握所学内容。

提供有意义和具体的学习材料是认知主义学习理论的又一个重要策略。在大学体育教学中,教师可以选择与学生相关的实际案例或场景,将学习材料与学生的实际经验和兴趣相结合。例如,在教授篮球技术时,教师可以选择一场著名的篮球比赛的录像作为学习材料,让学生观看并分析比赛中的技术运用和战术策略。这样的学习材料能够激发学生的学习兴趣和学习动机,提高学生的学习效果。

采用启发式和探究式学习方法有助于激发学生的思维和培养他们解决问题的能力。教师可以设计一系列启发式问题,引导学生主动思考和探究相关的体育问题。例如,在教授乒乓球技术时,教师可以提出问题:如何在对手反手下旋球的情况下进行有效的回击?学生需要分析问题,思考解决方法,并进行实践与反思。通过这样的启发式和探究式学习,不仅能够使学生加深对知识的理解,还能培养其独立思考和解决问题的能力。

及时反馈和评估对学生的学习进展至关重要。在大学体育教学中,教师应当及时给予学生反馈,并根据反馈结果调整教学策略。例如,教师可以通过观察学生的技术动作,听取他们的观点和理解以及进行评估考核,及时发现学生的学习问题和困惑,并给予学生指导和支持。通过良好的反馈与评估机制,学生能够了解自己的学习状况和进展,并及时调整学习策略,进而提高学习效果。

(三)大学体育教学中认知主义学习理论的实际效果

在大学体育教学中,认知主义学习理论被广泛应用,并取得了显著的实际效果。认知主义学习理论强调学生的主动参与和积极思考,通过提供合适的学习策略和任务,促进学生的知识获取和理解能力的提升。

首先,认知主义学习理论鼓励学生通过反思和思考来建构自己的知识结构。教师可以设计一系列激发学生思维的问题和情境,引导学生进行分析、比较和推理,从而加深他们对体育知识的理解和应用能力。

其次,认知主义学习理论注重提供有效的学习策略,帮助学生更好地组织和处理信息。教师可以引导学生运用不同的学习策略,例如记忆法、归纳法和演绎法等,帮助他们更好地记忆和运用体育相关的知识和技能。

再次,认知主义学习理论强调学生的自主学习和解决问题的能力的培养。教师可以鼓励学生主动提出问题,寻找解决方案,并进行实践和反思。通过这样的过程,学生不仅能够提高自己的学习能力和学习自律性,还能够培养学生解决问题的能力和创新思维。

最后,认知主义学习理论还注重将学习与现实生活进行有机结合。教师可以将体育知识和技能与学生的日常生活和实际体育运动相联系,通过创建真实情境,激发学生的学习兴趣。

三、建构主义学习理论

(一)建构主义学习理论概述

建构主义学习理论是一种重要的教育学理论,其核心思想是学习者通过主动建构知识和理解,通过与环境的互动来积极参与学习过程。建构主义学习理论强调学习者的主体性和自主性,认为学习是一个个体在社交和文化环境中建构知识和理解的过程。

1.学习者的主动参与

与传统的被动接收知识的教学相比,建构主义学习理论强调学习者的积极主动性,强调学习者通过实践、思考以及与他人的合作来建构新的知识。例如,教师可以通过设计丰富的体育活动和任务,鼓励学习者主动参与,以提高学习者的自主学习能力。

2.社交互动

建构主义学习理论认为,学习是通过与他人的交流和合作实现的。教师可以通过组织学生进行小组活动或讨论,引导他们共同解决问题和分享经验。通过与他人合作,学生可以在社交互动中建构知识,并且在社交互动中不断加深对知识的理解。

3.学习的环境和文化的重要性

建构主义学习理论认为,学校应该提供丰富的资源和情境,以便学生探索和发现;应该提供多样化的体育活动和设施,以便学生在不同的环境中进行实践和体验。同时,教师需要重视学生的文化背景和个体差异,给他们提供满足其需求的学习支持和指导。

(二)建构主义学习理论在大学体育教学中的策略

建构主义学习理论提供了一系列有效的策略,可以帮助学生更好地参与学习并获得深刻理解。下面介绍几种常用的建构主义学习策略。

交互式学习策略是建构主义学习策略的核心之一。教师应该鼓励学生之间的互动和合作。例如,在体育课上,可以将学生分成若干小组,让他们通过互相讨论、合作完成各种任务和项目。这种交互式学习策略可以促进学生之间的知识分享和交流,激发他们的创造力和团队合作精神。

问题导向学习策略是建构主义学习策略的重要组成部分。教师可以通过提出问题的方式引导学生思考和探索。例如,在教学过程中,教师可以提出一系列与体育运动相关的问题,让学生主动思考、研究和回答。这种问题导向学习策略可以激发学生的学习兴趣和主动性,促进他们对知识的深入理解和应用能力的培养。

实践性学习策略是建构主义学习策略的重要环节。教师应该注重实践性学习的开展,使学生能够亲自参与体育活动和实践操作。例如,在教学过程中,教师可以组织学生进行体育比赛、实地考察和实验操作,让他们通过亲身体验来获得知识和掌握技能。这种实践性学习策略可以提高学生的动手能力和实际操作能力,帮助他们将理论知识与实践经验相结合。

个性化学习策略是建构主义学习策略的重要原则之一。教师应该关注每个学生的个体差异,并根据学生的兴趣、能力和需求,提供个性化的学习支持和指导。例如,在教学过程中,教师可以根据学生的不同需求,设计不同难度和类型的体育活动,以满足每个学生的学习需求和发展目标。这种个性化学习策略可以激发学生的学习动力和自信心,促进他们的全面发展和自主学习能力的培养。

(三)大学体育教学中建构主义学习理论的实际效果

建构主义学习理论注重学生的主动参与和自主学习,通过自主探究和合作学习等教学策略,激发学生的学习兴趣和动力。这种学习方式使得学生能够积极地参与课堂活动,主动思考和解决问题,从而提高学生的学习效果。

建构主义学习理论强调学生的知识建构和概念形成过程,通过课堂案例分析、问题解决和实践操作等教学方法,促使学生在实际操作中逐步建立起对知识的理解和应用的能力。这种亲身体验和实践探索的学习方式,有助于培养学生的实际动手能力和解决问题的能力,使他们能够更好地将所学的理论知识运用于实际操作中。

建构主义学习理论还注重学生的社交互动和合作学习。在大学体育教学中,通过团队活动、小组讨论等形式,学生能够与同学一起分享经验、交流想法以及合作解决问题。这种合作学习的方式既可以促进学生之间的合作和沟通能力的培养,又可以培养他们的团队协作精神和集体意识。

建构主义学习理论强调学生的反思和批判思维能力的培养。教师可以通过引导学生进行课后反思、案例分析和论证思考等活动,提高学生的批判性思维和自我评价能力。这种批判性思维的培养可以帮助学生不断思考和质疑自己的观点,从而提高他们的思考能力和解决问题的能力。

四、人本主义学习理论

(一)人本主义学习理论概述

人本主义学习理论是一种重视个体主体性和自我实现的学习理论。在大学体育教学中,人本主义学习理论提供了一种注重学生发展和自我价值实现的教学方法和策略。下面探讨人本主义学习理论在大学体育教学中的应用。

1. 强调个体的自主性和选择性

在大学体育教学中,教师应充分尊重学生的兴趣和需求,鼓励他们主动参与学习过程,为他们提供自主选择的机会。例如,在体育课上,教师可以为学生提供多样化的运动项目,让学生根据自己的兴趣选择运动项目,从而激发学生的积极性和主动性。

2. 注重学生的情感和情绪体验

在大学体育教学中,教师应关注学生的情感需求,并为学生创造积极的学习环境。教师可以通过鼓励、赞扬和正面反馈,增强学生的自信心和积极情绪,促使他们更好地参与学习;此外,教师还可以组织学生之间的合作和互动活动,鼓励学生之间的情感交流和合作,培养他们的团队意识和社交能力。

3. 强调学生的个体差异和多样性

在大学体育教学中,教师应充分认识到学生个体差异的存在,并在教学中采用个性化的教学策略。教师可以根据学生的特点和需要,灵活调整教学内容和方法,促进学生的个性发展和个体价值的实现。例如,在体育技能训练中,教师可以针对不同学生的不同水平制订个性化训练计划,让每个学生都能够在自己擅长的领域中获得成就感和满足感。

4.强调学习的终身性和社会性

在大学体育教学中,教师应培养学生的学习兴趣和学习能力,让他们具备自主学习和终身学习的能力。此外,教师还应引导学生将所学运用到社会实践中,加强学习与实践的联系,促进学生的社会适应能力和创新能力的发展。

(二)人本主义学习理论在大学体育教学中的策略

在大学体育教学中,人本主义学习理论提供了一系列重要的策略,以促进学生的全面发展和自我实现。教师应该关注每个学生的个体差异,并尊重他们的独特性。教师可以通过了解每个学生的兴趣、能力、需求和价值观,为每个学生制订个性化的学习计划。例如,对于喜欢团队合作的学生,教师可以设计一些集体活动,以促进这些学生的合作能力和社交能力;对于喜欢独立学习的学生,教师可以提供一些自主学习的机会,让这些学生按照自己的节奏和方式进行学习。

人本主义学习理论强调学生的自主性和主动性。在大学体育教学中,教师应该鼓励学生参与决策过程,并给予他们更多的自主选择权。例如,在课程内容方面,教师可以提供多样化的选修课程,让学生根据自己的兴趣和需求选择适合自己的课程;在学习评价方面,教师可以采用多元化的评价方式,如口头报告、项目作业等,让学生能够以不同的方式展示他们的学习成果。

人本主义学习理论强调学生的情感和情感体验对学习的重要性。在大学体育教学中,教师可以提供积极、支持性和鼓励性的学习环境,以促进学生的情感发展和积极参与。例如,教师可以通过赞扬、鼓励和互动等方式增强学生学习的自信心;可以通过组织一些有趣的团队活动和比赛,让学生体验到合作和竞争的乐趣。

人本主义学习理论强调学生的个体发展和意义追求。在大学体育教学中,教师应该为学生提供一些有意义和具有挑战性的学习任务,以激发他们的学习动力和内在动机。例如,教师可以组织一些实践性的项目,让学生能够运用所学知识和技能解决实际问题;可以提供一些探究性的学习任务,让学生能够深入思考和探索自己感兴趣的主题。

(三)大学体育教学中人本主义学习理论的实际效果

人本主义学习理论是一种以个体为中心的学习理论,强调尊重学习者的主体性和个体差异,关注学习者的情感、态度和价值观。在大学体育教学中应用人本主义学习理论,可以带来许多实际效果。

人本主义学习理论注重培养学习者的自主性和自我管理能力。在大学体育教学中,教师可以通过以学生为中心的教学方法,激发学生的学习兴趣和动机,为学生提供多样化的学习和选择的机会,使学生能够自主选择学习内容和学习方式。这种个性化的学习方式可以提高学生的学习积极性,激发他们的内在动力,进而提高学习效果。

人本主义学习理论强调建立良好的人际关系和学习环境。在大学体育教学中,人本主义学习理论鼓励师生之间建立平等、尊重和信任的关系。教师应该以关爱和理解的态度对待每个学生,倾听他们的需求和意见,为他们提供积极的反馈和鼓励;同时,教师还应该创造积极的学习环境,为学生提供合作学习和互动学习的机会,使学生能够在与他人的合作中得到成长和提高。

人本主义学习理论强调学习与生活的整合,注重学习者的综合发展。在大学体育教学中,人本主义学习理论要求将学习与生活经验相结合,使学生能够将所学知识应用于实际生活中,培养他们的实践能力和解决问题的能力。通过将体育教学的内容与学生的生活经验和兴趣相结合,可以提高学生对体育知识的理解和应用能力,提高他们的综合素质。

第四节 大学体育教学的对象

教学对象又被称为学习者,在学校教育中特指学生。

一、体育教学中学生的主体特征

(一)学生主体性的概念及特点

学生主体性是指学生在学习过程中主动地参与、探索和建构知识的能力与倾向,它是学生在体育教学中展现出来的重要特征。学生主体性的概念与传统的被动接受教育观念形成了鲜明的对比。在传统观念中,教师认为学生是被塑造的对象,学生只需接受和执行教师的指导和要求;而学生主体性强调提高学生的独立思考、主动参与和自主学习能力。

学生主体性的特点主要表现在这几个方面。首先,学生主体性是建立在学生主动参与学习过程的基础上的。学生通过自主提问、探索性实践和合作学习等方式,积极参与学习活动,主动地掌握知识和解决问题。其次,学生主体性强调学生的独立思考能力和自主学习能力。学生不再依赖教师的"一言堂"式教学,而是具备独立思考和自主学习的能力,其能够通过阅读、研究和思考,建构自己的知识体系。再次,学生主体性注重学生的主动探索和创造性思维。学生通过实践探索和创造性思考,能够发现问题、分析问题和解决问题,进而培养其创新和创造的能力。最后,学生主体性还强调学生的合作与交流能力。学生在合作学习中,通过与同伴的互动和交流,共同解决问题和实现学习目标。

在体育教学中,学生主体性具有重要的地位。通过发展学生的主体性,可以激发学生的学习兴趣和学习动力,提高学生的学习主动性和自律性。学生主体性的发展还有助于培养学生的创造性思维和创新精神,培养学生的合作与交流能力。

(二)学生主体性在体育教学中的地位

学生主体性是指学生在学习过程中能够主动参与、主动思考、主动实施的能力和倾向。在体育教学中,学生主体性具有重要的地位。

第一,学生主体性是促使学生自觉投入学习的重要条件。学生主体性的激发,使学生能够以自己的主动性参与体育教学活动,根据自己的兴趣和需求进行学习,从而使学生更加主动地获得知识和技能。

第二,学生主体性对于提高学生的学习效果具有显著的影响。在体育教学中,学生主体性能够激发学生的学习兴趣,调动学生学习积极性,使得他们更加主动地参与体育技能的训练和学习过程;同时,学生主体性也能够激发学生的创造力和思维能力,培养他们的自主学习能力和解决问题的能力。

第三,学生主体性有助于培养学生的合作精神和团队意识。学生主体性的发展需要学生之间的互动和合作,在体育教学活动中,学生需要相互协作、相互配合才能够更好地完成任务。通过对学生主体性的培养,学生能够树立积极的合作意识和提高团队协作能力,为他们日后的学习与就业打下坚实的基础。

另外,教师在培养学生主体性的过程中也发挥了至关重要的作用。首先,教师要为学生创造一个积极、活跃、自由的学习环境,让学生敢于表达,敢于创新。其次,教师要注重激发学生的学习兴趣和学习动力,通过多样化的教学方法和资源的利用,激发学生的主动学习需求。最后,教师还可以通过分享成功的经验和鼓励学生尝试,来逐步培养学生的主体性。

(三)学生主体性对体育学习的影响

在体育教学中,学生主体性的发挥对学生的体育学习有着重要的影响。

1. 学生主体性的发挥可以提高学生的学习主动性和积极性

在传统的体育教学中,教师通常起主导作用,学生被动地接受知识。然而,在注重学生主体性的体育教学中,学生可以主动地参与学习过程,通过自主学习和探究,激发自身的学习热情和兴趣。学生可以在实践中不断尝试,发现问题并解决问题,这种主体性的发挥使得学生对体育学习的参与度和投入度更高。

2. 学生主体性的发挥可以培养学生的创造力和创新能力

体育学习不仅仅是单纯地传授知识和技能的学习,更是培养学生的创造思维和创新意识的学习。通过让学生自主选择适合自己的学习方法和实践方式,他们可以在实践中提出问题、解决问题,培养了自己的创造力和创新能力。学生主体性的发挥使得学生更加自信和更有创造性,从而更好地满足未来社会的发展需求。

3. 学生主体性的发挥可以提高学生的综合素质

在体育学习中,学生主体性的发挥要求学生全面参与,全面发展。通过自主学习和探究,学生不仅能掌握必要的体育知识和技能,还能提高学生的综合素质,如团队合作能力、沟通能力、解决问题的能力等,为他们将来的发展和成长奠定良好的基础。

(四)培养学生主体性的策略

为了促使学生在体育教学中展现出主体性,教师需要采取一系列的策略。

1.建立积极的学习环境

教师可以通过创设开放的讨论氛围、提供积极的激励和鼓励等方式,激发学生的学习兴趣,让他们积极投入体育学习中。同时,教师应该鼓励学生表达自己的观点和意见,让他们有机会参与决策和规划学习内容。

2.培养学生的自主学习能力

教师可以通过指导学生选择正确的学习方法和学习策略,帮助他们逐渐独立思考、自主学习。例如,教师可以引导学生掌握学习技巧,如如何制订学习计划,如何合理安排学习时间等。同时,教师还应该鼓励学生进行自主学习,为学生提供适当的学习资源和指导,让学生更好地发挥自己的主动性和创造性。

3.合理使用评价方式

教师可以采用多样化的评价方式,如学生自评、学生互评、小组评价等,使学生能够对自己的学习进行主动反思和评价。通过这样的方式,学生可以更好地了解自己的学习效果,发现自己的不足之处,并主动寻求改进和进步的方法。同时,教师的及时反馈和指导也能够激发学生对学习的积极性和主动性。

4.给予学生适当的自主决策权

教师可以在一定程度上将学习的主导权交给学生,让他们自主选择学习内容、制定学习目标等。通过让学生参与学习决策和规划,教师可以更好地激发学生的学习动力和主动性,使他们真正成为体育教学中的主体。

二、体育教学中学生主体性的体现

(一)学生参与决策的主体性体现

学生参与决策是体现其主体性的重要方式之一。在体育教学中,学生参与决策能够增强其主体地位,培养其独立思考和判断的能力。

1. 参与制订课程和训练计划

学生可以在教师的指导下,根据自己的兴趣和需求,提出自己的意见和建议,并参与制定具体的学习内容和学习安排。只有这样,学生才能够更加主动地参与教学过程,形成自己的学习目标,并且能够更好地与教师进行互动和合作。

2. 参与评价和改进教学效果

在体育教学中,学生不仅可以被动接受教师的教导,还可以主动参与评价课程和训练的效果,并提出改进建议。例如,在某项体育运动中,学生可以自主选择和实施技术训练,然后根据自己的实际情况和感受,对教学效果进行评价和总结,并提出改进措施。这种参与评价和改进的过程,能够培养学生的自我反思和判断能力,激发他们对学习的主动性和创造性。

3. 参与运动队的管理和组织

在体育教学中,学生可以担任运动队的队长、副队长等职位,参与队伍的管理和组织。通过参与队伍的管理和组织,学生能够体会到领导和管理者的责任和压力,培养自己的领导才能和团队合作精神。同时,学生也可以通过组织校内外体育活动,提升自己的组织能力和沟通能力,展现自己的主体性和创新意识。

(二)学生自主学习的主体性体现

学生自主学习是体育教学中学生主体性的一个重要表现。作为体育教师,应该鼓励学生在学习过程中发挥自己的主动性和创造性,培养他们的自主学习能力。在学生自主学习的过程中,主体性的体现如下:

1. 展现了自我规划能力

学生能够在教师的指导下,根据自己的学习目标和兴趣进行学习内容的选择和安排,不再依赖教师的具体指导,而是能够自觉地规划学习进程。例如,在学习某项体育技能时,学生可以根据自己的实际情况,确定每天的练习时间和方法,制订适合自己的学习计划。

2. 展现了主动探索的能力

学生不再只是被动地接受教师的指导和传授,而是能够积极主动地去探索和发现知识。在学习过程中,学生可以借助各种资源,如图书、互联网等,自主地查找相关资料进行学习。学生不仅能够从书本中获取知识,还能够通过实践和实验,积极探索和验证知识。通过这种主动的学习方式,学生能够更加深入地了解和掌握所学知识。

3. 展现了问题解决的能力

学生在面对学习中的困难和挑战时,可以主动地采取措施去解决这些问题。学生不再依赖教师的直接指导,而是能够自己独立思考并找到解决问题的方法和策略。例如,当学生在学习某项体育技能中遇到困难时,他们可以通过观察、分析和实践,找到解决问题的办法,将问题逐步解决。这样的自主学习过程不仅提高了学生解决问题的能力,也增强了他们的自信心。

4. 展现了学习成果的展示能力

学生通过自主学习取得的成果可以向他人展示。学生可以通过课堂报告、展示活动、角色扮演等形式,将自己的学习成果展示给教师和同学们。这样的展示不仅增强了学生的自信心,也促进了学生之间的交流和学习。

(三)学生创新能力的主体性体现

学生创新能力的主体性体现在体育教学中具有重要意义。在体育教学中,学生通过创新能力的发展,能够积极参与和主动思考,进而提高自己的创造力和解决问题的能力。

学生创新能力主体性体现在他们在创造性问题的解决过程中的主动参与上。在体育课堂上,教师可以创设各种情境和任务,鼓励学生发现问题,探索解决问题的途径,进而培养学生的创新思维和创造力。学生作为体育教学的主体,应积极参与和主动思考,并提出独特的见解和创新的解决方案,展现出自己的创新能力。

学生的创新能力主体性体现在他们的自主学习能力上。学生作为学习的主体,应有能力主动获取和整合知识,运用所学的知识解决问题。在体育教学中,教师可以通过激发学生的学习兴趣和提供适当的学习资源,培养学生的自主学习能力。学生在自主学习中,能够独立思考和探索新的学习内容,不依赖外部的指令和帮助,从而培养出良好的创新习惯和能力。

学生创新能力的主体性还体现在他们的实践和表现中。学生在体育教学中,通过各种实践活动,积极参与体育项目,不断尝试和创新,展现出自己的主体性。学生能够主动发现问题,勇于尝试新的思路和方法,并将其付诸实践。通过实践的反思与总结,学生能够不断改进和完善自身的创新能力,从而在体育教学中展现出更大的潜力和更高的成就。

第二章　大学体育教学的过程

第一节　体育教学过程的含义与性质

一、体育教学过程的含义

通过整理其他与体育教学相关的书籍,笔者发现学术界对体育教学过程的理解主要集中在以下几个关键领域。

首先,体育教学的过程是达到体育教学目的的关键路径。由于体育教学的目标是通过具体的教学活动来达成的,因此,教学过程成为实现这些教学目标的关键途径。其次,体育教学过程是一个有组织、有计划的过程。体育教学过程是基于体育教学计划来进行的,它既具有组织性也具有计划性,因此,可以将体育教学过程视为教学的组织和计划安排。最后,体育教学过程实际上是学生在掌握各类体育教育知识、运动技巧以及参与各类体育活动的整个过程。体育教学过程由教师的授课和学生的学习两部分构成,它是知识与技能的传播途径。

基于上述三种关于体育教学过程的定义,可以将体育教学过程定义为:为了达到体育教学的目标,体育教学被有计划地组织和执行,在这个过程中,教师教授与体育相关的知识和技能,并帮助学生掌握与体育相关的知识和技能。

二、体育教学过程的性质

(一)体育教学过程是学生掌握运动技能的过程

教师教授每一种知识和技能都构成了一个严格和有序的教学流程,

并且每个教学流程都有其独特的含义。在知识类学科的教学中,教师的主要目标是帮助学生记忆相关概念,并运用判断和推理等多种思维模式帮助学生掌握所需的学科知识,以促进学生智力的发展。体育教学则是通过持续地引导学生进行身体锻炼,旨在在帮助学生掌握运动技巧的同时,也促进学生身心健康的全面发展。

(二)体育教学过程是提高教育运动素质的过程

运动技能的掌握与运动素质的提高是相互补充和推动的关系。因为运动是通过肌肉群的努力来完成的,所以持续的练习可以有效地提高肌肉群的运动素质。因此,体育教学本质上就是一个不断提高身体运动素质的过程,也是一个不断增强学生体能的过程。在体育教学过程中,除了要重视学生对体育技巧的掌握外,还要重视学生的运动素质的提高。这就要求教师在选择教材、设计教学内容和安排教学进度时,不仅要重视运动技能的提升,还要重视运动素质的培养。

(三)体育教学的过程是学习知识和形成运动认知的过程

体育教学融合了人文和自然两大学科。体育教学除了要求学生掌握基本的运动技能,还涉及其他相关知识的学习和运动认知的获取。从认知理论的角度看,这也是学生掌握运动技能和提高运动素质的基石。许多体育训练都旨在提高学生的反应速度,通过不断的动作练习来提高他们的体力和智力。因此,那些曾经学习过体育的人与那些未曾接触过体育的人在认知发展上有着明显的区别。从这一点来看,体育教学在一定程度上也是一个知识吸收和运动认知形成的过程,教师应当给予这一过程足够的重视。

(四)体育教学过程是集体学习和集体思考的过程

体育教学的核心方式是集体教学,这主要是基于体育运动的独特性。绝大部分的体育活动都是由团队或小组合作完成的,无论是体育学科的知识、技巧,还是体育素养的培养,都需要在一个集体的环境中进行。随着体育教育的持续改革,现代社会对体育教学的期望也日益强调其集体性,这样可以更好地挖掘集体教学中的隐藏价值。通过集体教学活动,不仅可以加强学生与学生、学生与教师之间的互动与沟通,还能培养学生的集体主义意识,并提高他们的社交能力。教师在对学生进行体能锻炼时,可以让学生相互协助,这不仅有助于学生之间分享经验和技能,还能推动教学品质的提升和教学目标的实现。

(五)体育教学过程是体验运动乐趣的过程

体育活动与学生的身体健康有着紧密的联系。从生物学的角度来看,运动不仅是身体经过生物学改良的过程,同时也是身体和心理层面上体验运动乐趣的过程。这种对运动的乐趣不仅是运动本身的一种特性,也是学习上好体育课的基础和条件,更是培养学生终身体育意识的基础。在文化课程的教学中,学生在肢体语言、空间感知和交流自由等方面都受到了一定的限制。但在体育课堂中,这些限制被打破,学生可以更加深入地体验到自由交流的乐趣,感受到空间扩大带来的满足,甚至可以感受到运动给他们带来的成就感。

三、体育教学过程中相关概念的介绍

(一)体育教学过程与体育教学原则

体育教学过程和体育教学原则之间存在着不可分割的关系,具体体现在这几个方面。首先,体育教学的核心原则是因材施教,这意味着在教学过程中,教师需要根据学生的独特性来选择最适合他们的教学策略。其次,体育教学原则构成了优化体育教学过程的核心要素,例如,体育教学原则有助于持续规范教学活动。最后,体育教学原则在体育教学的各个层面的教学活动中都有所体现,它不仅仅是指教学过程中的某一特定阶段,还指整个教学过程的每一个环节。

尽管体育教学过程与体育教学原则紧密相连,但它们之间仍然有明显的差异。其一,在体育教学中,时间被视为主要的教学单位,它是整个教学过程的核心部分,但体育教学原则是基于某些理论而形成的。其二,体育教学过程是由多个不同的教学级别所构成的,尽管每个级别的内容各不相同,但体育教学原则始终是贯穿整个教学活动的。

(二)体育教学过程与体育教学模式

体育教学模式本质上是基于某一体育教学理念而设计的单元和课时的教学过程结构,所以体育教学过程是可以清晰地展现出来的;然而,体育教学模式是高度抽象的,仅能依赖某一特定的教学概念来体现。因此,体育教学过程与体育教学模式之间最显著的差异在于具体与抽象的区别。在体育教学活动中,那些具有明确教学特点的设计,包括教学方法中的方法论体系等,都构成了体育教学模式。

(三)体育教学过程与体育教学设计

体育教学设计不仅是教学活动的基础和先决条件,更是体育教师对特定教学流程的设想和布局。每一个体育教学活动都是基于体育教学设计来进行的,而体育教学设计也构成了体育教学活动的一个组成部分,是整个教学过程的规划。一个全面而目标明确的教学过程必须包含教学设计的全面参与,因此,教学过程与教学设计之间存在着密切的相互依赖关系。

(四)体育教学过程与体育课堂教学

体育课堂教学仅仅是体育教学活动中的一个具体场景,它是构成教学体系的一个基础组成部分。体育课堂教学不仅是体育教学实践的一部分,也是构成体育教学的关键因素。因此,体育教学过程与体育课堂教学是一个紧密相连、相互兼容、相互渗透且不可分割的整体。

体育教学过程涉及的各种概念包括教学方法、教学内容、教学步骤和教学元素等,这些都是构成体育教学过程不可或缺的要素。综合来看,体育教学过程中涉及的因素非常多,这些因素不仅构成了体育教学过程的一部分,而且也为体育教学的研究者提供了观察和分析体育教学过程的基础和依据。

第二节 体育教学过程中的规律

一、体育教学规律的含义

每一种事物的内在规律都是客观存在的,它们代表了事物发展中的核心特性和不可避免的联系,是事物固有的属性。体育教学是一种以运动为中介,旨在提高学生的身体素质和综合素质的活动,它具有一定的规律性。因此,我们需要先理解体育教学的规律,并在教学过程中遵循这些规律,这样才能更好地实现体育教学的目标。

基于笔者对体育教学相关文献的深入研究,将体育教学规律的含义总结为:体育教学的规律在体育教学中是客观存在且不可避免的,它与体育教学的独特性有着紧密的联系和共有的原则。

二、体育教学过程的规律

(一)社会制约性规律

虽然体育教学同其他学科教学有着明显的区别,但其归根结底还是一种教学活动,是一个培养人的过程。因此,体育教学理所应当会受到一定的社会物质、文化水平、社会发展的影响,尤其会受到社会教育目标和教学内容的影响。由此可见,由于各国的国情不同,人们的素质和文化水平不同,体育教学的目标和内容也就有所区别。从目前我国体育教学的现状来看,体育教学是学校教育的重要组成部分,和其他的学科教学一起,共同承担着实现学校教育的目标。体育教学的过程也会受到社会的经济、文化发展水平和科学技术水平的影响。当国家经济和技术水平较高的时候,在运动器械的购置和构成上也较为先进,这对教学的内容、手段和目标都会有所影响,因此,体育教学的过程,必须与体育社会发展的条件和需求相适应,并随着社会的发展变化而变化,这就是体育教学过程的社会制约性规律。

(二)学生身心发展的规律

体育教学的对象是学生,学生是一个不断成长的个体,其身心发展具有一定的规律性。因此在进行体育教学的过程中,无论是制定体育教学目标,安排体育教学内容,采用相应的体育教学组织形式,还是选择相应的体育教学方法和措施,都必须从学生的年龄、性别、认知水平、接受能力等身心发展的特点出发,要适应学生身心发展的规律,要保证教学过程中的各种因素符合他们的接受能力和体质状况,以便教师选择最佳的教学方法,因材施教,进而促进体育教学目标的实现和教学效果的提高。传授体育教学知识、技能,促进学生身体和心理素质健康全面的发展,不仅仅是学生成长过程中的需要,同时也是当今社会对学校教育的根本要求。

(三)认识事物的规律

教学的过程实际上也是一个培养学生认知能力和不断认识事物的规律的过程。体育教学作为一门学科,学生在学习和掌握体育知识、技术和技能的过程中,也必须遵循认知活动的规律。因为体育教学是一门相对而言较为复杂的学科,它要求学生在学习的过程中要将感知、思维和实践三个环节紧密地结合起来。感知是学生认识事物的开始,也是学生学习的基础,只有将事物的表象在学生的头脑中建立起来,才能进行知识和技能的传授;思维是形成理性的认识、掌握运动技能的关键;实践是对体育知识和技能的巩固,是知识应用和技能提高的必经之路。体育教学是一门实践性极强的学科,侧重技能的传递,因此在体育教学的过程中,也必须遵循认识事物的规律。

(四)教育、教养和发展相统一的规律

教学的过程是学生受教育的过程,随着教学的不断改革和发展,教学的目标也在不断地完善,注重学生全面发展已经成为现代教学的总要求,因此体育教师在教学的过程中也应该结合对学生知识、技术和技能的传播,注重对学生的思想品德教育,促进学生个性化的发展,力争在向学生传递体育运动相关知识和技能的过程中,使学生的思想感情、精神面貌、意志和品格等都受到陶冶并得到明显的提高,这是当今体育教学的教育目标。与此同时,体育教学又是指导学生不断认识和掌握相关知识与技能的过程,要以一定的专业知识和技术"武装"学生,这是体育教学的教育目标。体育教学能够提升学生对体育学科的认识,激发学生对体育运动的兴趣,促进学生对正确学习方法的掌握,并培养学生在学习过程中的自信、自评的能力,为终身体育打下坚实的基础,这是体育教学的发展目标。

(五)教师的教和学生的学辩证统一的规律

教学的过程包括两个不同的方面,既是教师教的过程,也是学生学的过程,二者是相辅相成、互相影响的。为了全面提高体育教学的质量,体育教学工作者必须能够正确认识教与学的关系,在教学的过程中既要能够充分地发挥教师的引导作用,又要重视学生的主体作用。教师需采用科学有效的教学方法,引导学生掌握体育教学的相关知识,并通过实践过程的引导,逐渐将这种知识转变成技能。而在这一教学环境中,学生是学习的主体,是教学成功的内部根源;教师的教学是外因,外因只有通过内因才能起作用。如果教学的过程中没有学生感觉的作用、思维的运转、运动的时间,而只依靠灌输,是无法达到教学目标的。反之,如果教学的过程没有教师的指导,仅仅依靠学生的摸索进行学习,也无法掌握正确的学习方法,更无法实现教学目标。

(六)动作技能形成的规律

开展体育教学的根本目的就是让学生学会和掌握一定的运动技能。任何一种运动技能的习得都要经历从不会到会、从不熟练到熟练的过程。动作技能的形成一般经历三个过程,即粗略地掌握运动动作的阶段、改进和提高的阶段、动作的巩固和运用的阶段。因为在进行体育教学的过程中,每节课只有45分钟,每周所安排的体育课时也较为短暂,所以在日常的教学过程中,不可能对每节课都按照"三段式"的教学理论进行,但是对于一个完整的体育运动而言,任何一种体育运动的教学,都是要遵循这三个阶段。

（七）人体技能适应性规律

在学生刚开始接触某种体育运动项目的时候，体内会产生一系列的变化，机体对这个变化会有一定的适应过程，也会有一定的规律性。当人体进行某种运动的时候，身体由于肢体和肌肉群的做功会承受一定的生理负荷，体内的异化作用就会加强，产生一定的能耗，机体所储备的能量也就有所下降，这一阶段也被称为机体的工作阶段。在运动结束之后，经过一定时间的休息和调整，体内原本被消耗的能量也将逐渐地恢复到之前的水平，这一阶段被称为机体的恢复阶段；然后再经过合理的休息，体能逐渐地超过运动的水平，这一阶段被称为机体的超能量恢复阶段。根据人体的这一规律，教师在教学的过程中，必须合理地安排体育课的间隔时间，这样才能在机体运动的规律内，大大提升练习的效果，增强学生的体能，从而提高学生的技能水平。

（八）人体生理机能活动能力变化的规律

在学生进行体育运动的过程中，人体生理机能活动能力的变化与人体有关器官系统的功能是密切相关的。当学生反复练习某种体育运动项目的时候，学生的身体机能活动的能力就会产生一定的变化，并且这一变化过程会呈现出一定的规律性。当机体开始运动的时候，受到人体惰性的影响，人体各器官系统的活动能力从相对平稳的状态逐渐地上升；当机体运动很长一段时间后，人体各器官系统的活动能力会稳定在最高的水平，这种状态持续一段时间之后，机体就会感觉到疲劳，人体各器官系统的活动能力也会逐渐地下降，但是，经过合理的休息之后，身体机能又会恢复到相对稳定的水平。但是由于每个个体的体质和生理特点存在着差异性，因此，学生机体活动能力恢复所需要的时间和最佳状态的保持时间都会有所不同。如青少年儿童的活动能力较青壮年而言，活动能力上升的时间短而快，最佳水平持续的阶段较短，承受剧烈变化的负荷能力较低，因此在进行体育教学的时候，教师要根据人体生理机能活动能力变化的规律指导学生进行教学活动。

(九)体育学习集体形成与变化的规律

体育学习集体形成与变化的规律,主要是指在进行体育教学的过程中,学生学习的形式主要侧重集体合作、配合和互相帮助等。因为体育教学本身就是一种开放式的教学,不受空间的限制,言论也较为自由,所以体育教学中的很多项目和活动均以集体的形式存在。正因为体育运动具有这一特点,所以体育教学过程中的集体性学习体现了体育的特征和目标指向,教学的集体性也成为体育教学的根本特点。正因如此,体育教学的过程必须遵守集体形成和变化的规律。在体育教学的过程中,教师要选择和设计一些集体性项目作为教学的内容,在教学方法上也要采用小组的教学形式,研究和分析集体性学习的特点和评价的方法,并掌握学习集体形成和变化的规律:从相对陌生到相互配合,从互相帮助到共同促进。教师只有掌握这一规律,才能更好地培养学生的集体意识和责任感,才能在教学的过程中将思想道德教育与技能获得融为一体。

(十)体验运动乐趣的规律

在体育教学过程中,只有让学生不断地体验运动的乐趣,才能培养学生学习体育运动的兴趣,激发学生学习的积极性和主动性。因此,让学生体验运动的乐趣是帮助学生形成运动爱好和专长的首要条件,也是增强学生体质、促进学生运动技能不断提高的前提条件,更是每一位体育教师应该遵循和掌握的体育教学规律。体育教学本身就是各种乐趣性文化的综合体,学生只有体会到体育运动的乐趣,才能将体育运动的过程变成充满活力和乐趣的过程;如果学生体会不到体育运动的乐趣,那么学生在学习的过程就会感觉十分的痛苦,技能的掌握速度也会大大地降低。体育教学中体验运动乐趣的过程为:首先学生在自己原有的技能水平上,经过对运动的了解和领悟,充分地体验运动的乐趣;其次通过新技能的不断获得,体验不断突破自己,不断获得新知识和新技能的学习乐趣;最后学生在技能习得的基础上不断地创新和发展,进而体验创新的乐趣。

第三节　体育教学过程的优化与管理

一、体育教学过程的优化

在信息技术飞速发展的时代，不论是从事教育还是从事其他领域的工作，都强调效率与效益的平衡。在我国，教学改革正处于关键阶段，这对于体育教学过程的进一步优化和管理具有深远的影响。体育教学过程的优化涉及体育教学研究者和从业者对教学中的相关问题和因素进行持续的研究、分析和整合。他们根据体育教学的目标，有计划地选择和执行教学优化方案，以在规定的时间和现有环境中找到最有效的教学方法，从而获得最优质的教学效果。

（一）体育教学过程的优化观点

随着教学改革的呼声日益高涨，众多体育教学研究人员为了提升体育教学质量，纷纷投身于体育教学研究之中。他们希望通过持续的分析和研究，能够不断优化体育教学过程，从而进一步提升体育教学的整体质量。现阶段，体育学界对于体育教学过程的优化持有越来越多的观点。通过研究体育教学实践的独特性以及现代社会对体育教学目标的期望，笔者认为在优化体育教学过程时，应遵循以下三个核心观点：

（1）用整体的观点认识体育教学过程。

（2）用联系的观点看待体育教学过程。

（3）用综合的观点处理教学中的方法和形式。

（二）体育教学过程的优化策略

虽然体育教学过程存在多个层次和种类，但只有课时体育教学过程才是其实际操作的一部分，它构成了其他层次体育教学过程的核心部分。体育学界讨论的体育教学过程的优化，其实也是对课时体育教学过程的优化。通过分析和总结体育教学的特点和教学实践，笔者认为体育教学过程优化的策略包括以下五个方面：

(1)对体育教学的目标进行优化,确保其清晰无误。

(2)优化体育教学内容,使之具有可学习性。

(3)对体育课堂教学结构进行优化,以确保其合理性。

(4)对体育教学手段进行优化,确保其具备时效性。

(5)对体育教学评价进行优化,以赋予其更多的激励作用。

二、体育教学过程的管理

从管理学的视角来看,体育教学实际上也是一个管理过程,涉及的管理内容主要包括计划的制订、计划的执行、信息的反馈和计划的评估等管理学的理论。从提升教学效果的视角看,体育教学过程不仅高度重视对教师的教学能力和素质的管理,同时也重视对学生学习态度和行为的有效管理。教师不仅需要重视课堂秩序的维护和管理,还不能忽视对课堂中可能出现的教学难题的处理;不仅需要对学生施加适当的行为限制,还需要对他们的学习环境和氛围进行科学的维护和管理。

体育教学所包含的知识和内容是非常复杂的,因此,在体育教学过程中,与管理相关的内容也是比较多的。例如,在整个体育教学过程中,对体育教学计划的管理、体育教学计划的实施、体育教学场地的设施、教师团队、学生的学习兴趣以及学生的成绩等各个方面的管理都是极其重要的。尽管如此,在课时的教学过程中,如何科学地管理教学时间依然是一个普遍存在的问题。

在目前体育教学改革的背景下,如何在有限的教学时间内让学生掌握更多的知识和技能,同时提高教学效果,已经成为教学改革的中心议题,也是教学管理中最显著的问题。为了更好地提升体育课堂的教学质量,并激发学生对体育知识和技能的学习兴趣,体育教师首先需要加强对体育教学课堂的管理,合理开展教学实践,深入了解教学内容和任务,只有这样才能实现教学效果的最优化,并持续提高体育教学的效率。

第三章　大学体育教学的方法

第一节　大学体育教学的方法

一、指导法

(一)指导法的定义与特点

1. 指导法的定义

指导法是大学体育教学中一个重要的教学方法,它是指教师针对学生在体育活动中表现出的问题,通过给予直接的指导和帮助,以达到提高学生技能和学习效果的目的。指导法注重教师对学生的个体化指导,通过分析学生的状况,针对问题采取有针对性的指导,并及时反馈,帮助学生进行改进。

2. 指导法的特点

首先,指导法注重个性化。每个学生在体育活动中存在着不同的问题和需要改进的方面,教师需要针对每个学生的具体情况进行个性化的指导,从而更好地改进学生的不足之处。其次,指导法强调针对性。教师应该根据学生的具体问题,给予针对性的指导,帮助学生克服困难,提高学生在体育活动中的技能水平。再次,指导法注重实践。指导法强调通过实践来培养学生的技能。通过不断的练习和实践,学生可以逐渐掌握技能并提升自己的技能水平。最后,指导法注重反馈。在指导学生的过程中,教师需要及时给予学生反馈,帮助他们了解自己的不足之处,并提出相应的改进意见,以便学生更好地改进。

（二）指导法的应用与实践

在大学体育教学中,指导法作为一种重要的教学方法,其应用和实践具有重要的意义和价值。指导法是一种注重教师引导和学生自主参与的教学方式,旨在激发学生的学习兴趣和积极性,培养学生的学习能力和自主思考能力。

1. 有效激发学生主动学习的积极性

通过教师的引导和示范,学生能够更主动地参与课堂教学,积极地思考和探索问题。在指导法的应用与实践中,学生往往能够主动提出问题、表达观点,并与教师和同学进行交流和讨论,从而提高自己学习的效果。

2. 注重培养学生自主思考和解决问题的能力

在指导法的应用中,教师更多地充当指导者和协助者的角色,鼓励学生独立思考和解决问题。通过参与多样化的教学活动,学生能够充分发挥自己的主观能动性,找到问题产生的原因并提出解决方案。这种自主思考和解决问题的能力的培养,有助于学生将来在面临各种挑战和问题时,更具有自信和应对能力。

3. 有效提高学生的实践能力和动手能力

在大学体育教学中,指导法通过实践性的教学活动和项目设计,让学生亲自动手实践,锻炼他们的体育技能和团队合作能力。通过实践,学生能够更好地理解和应用教学知识和技巧,同时又能够培养他们的动手能力和实践操作技能。

4. 需要教师具备丰富的教学经验和专业素养

教师在应用指导法时,需要根据不同的教学内容和学生特点,合理设计教学活动和组织学习任务。同时,教师还要善于引导和激发学生的学习兴趣和积极性,及时对学生进行合理的反馈和评价,以提高学生的学习效果。

（三）指导法的效果评估

在大学体育教学中,指导法是一种重要的教学方法,它通过教师的指导和引导,帮助学生更好地掌握体育知识和技能,提高其身体素质和运动水平。为了评估指导法在大学体育教学中的效果,需从多个角度进行综合评估,以下是三个常用的评估方法。

1. 定量评估

这种评估方法包括考核学生体育成绩,测量学生的身体素质指标,记录学生的运动技能表现等。教师通过对学生的成绩和指标进行统计和分析,可以客观地评估指导法在提高学生体育水平方面的效果。

2. 定性评估

这种评估方法包括评估学生的学习态度、学习动力、合作能力等方面。教师可以在教学过程中留意学生的表现,并记录下来,进行分析和评估。例如,教师可以通过观察学生在体育课上参与体育活动的积极性、学生与教师之间的互动情况以及学生在体育项目中展现出的合作精神和团队意识等评估学生的表现。

3. 学生反馈

学生是教学的主体,他们对教学效果的评估和反馈具有重要意义。教师可以通过问卷调查、小组讨论等方式收集学生的意见和建议,以了解他们对指导法的认可度、满意度以及对教学效果的评价。学生的反馈可以更好地帮助教师改进和优化指导方法,提高教学效果。

二、练习法

(一)练习法的定义与特点

练习法是大学体育教学中一种常用的教学方法,其基本目的是通过不断的重复和实践,使学生掌握和巩固所学的知识与技能。练习法的特点主要体现在以下几个方面。

第一,练习法注重学生的主体性和参与性。在练习过程中,学生需要积极参与,通过自我实践和不断摸索来提升自己的体育技能。教师应该给予学生一定的自主选择权,学生可以根据自己的实际情况选择适合自己的练习方法和内容,从而激发学生的兴趣和主动性。

第二,练习法追求阶段性的目标和逐步提高。在练习过程中,学生应该根据自己的能力和水平,逐步提升自己的练习难度。通过不断实践和反思,学生可以从错误中找出错误出现的原因,并加以改正,从而实现提高自身学习能力的目标。

第三,练习法强调反馈和评估。在练习过程中,教师需要及时给予学生反馈和评估,帮助他们发现自身的不足和问题,并给予他们适当的指导和建议。通过反馈和评估,学生可以不断调整和改进自己的练习方法,提升自己的体育技能。

第四,练习法注重综合应用和创新能力的培养。在练习过程中,学生不仅需要掌握基本的知识和技能,还需要将其运用到实际的情境中。通过模拟比赛、角色扮演等方式,学生可以培养自身的综合应用和创新能力,提高自己解决问题的能力和思维水平。

(二)练习法的应用与实践

在大学体育教学中,练习法是一种重要的教学方法。它通过大量的反复练习,使学生逐渐掌握运动技能和提高身体素质。而练习法的应用与实践不仅仅是简单地进行重复性的动作,还需要科学合理地设计和安排教学内容。

首先,练习法的应用需要考虑学生的个体差异和学习特点。每个学生的身体条件和学习能力都有所不同,因此,在运用练习法时,教师要根据学生的实际情况进行个性化的教学。比如,在动作难度较大的练习中,可以根据学生的基础能力,逐步引导他们完成;而在动作简单的练习中,可以适当提高难度,以达到更好的训练效果。

其次,练习法的应用还要注重培养学生的主动性和创造性。在实施练习法的过程中,教师要为学生创造良好的教学环境,激发学生的学习兴趣,并给予他们适当的自主权。例如,教师在学生熟练掌握基本动作后,可以引导他们进行自主练习,让他们自行发现并解决问题,培养其动作变化能力及解决问题的能力。

再次,练习法的应用需要结合实际情况进行有针对性的选择和设计。在大学体育教学中,学生的时间和资源都是有限的,因此,教师需要根据教学目标和学生的实际需求合理安排练习内容,可以根据不同课程的要求和学生的特点,让学生选择适合的练习方式和方法。比如,在篮球课程中,可以采用分组对抗的方式进行练习,以提高学生的团队合作能力;在游泳课程中,可以采用分段式的练习方法,逐步提高学生的游泳技术水平。

最后,练习法的应用还要注重评估和反馈。教师通过评估学生在练习中的表现和教学效果,可以及时调整教学方法和教学内容,使教学更加精确有效。教师可以通过采用观察、测量、测试等方法对学生进行评估,并根据评估结果给予针对性的反馈,帮助学生不断改进和提高。

(三)练习法的效果评估

在大学体育教学中,练习法是一种重要的教学方法,其效果评估则是对练习方法的实际应用和对学习效果进行客观评判的过程。练习法是通过有针对性的练习任务和活动,培养学生的体育技能和素质,并促进他们的学习和发展。而练习法的效果评估则是对学生的学习成果进行量化和分析,判断学生在练习过程中所取得的进步和发展。

在进行练习法的效果评估时,可以采用多种方法。其中一种常用的方法是定量评估。定量评估是指教师通过设定明确的评估指标,如动作准确性、技术难度、速度和灵活性等,对学生的练习成果进行量化分析。例如,教师可以通过观察和记录学生在不同练习任务中的表现,使用评估指标对其进行评分和排名。这样可以客观地了解学生在不同练习方法下的表现和能力水平。

另一种方法是主观评估。这种评估方法主要依靠教师或教练的专业经验和直观感受,对学生的练习成果进行综合评判。教师或教练可以根据自己在教学实践中观察到的学生表现,结合学生的学习情况和进步程度,对其在练习中的效果进行评估和判断。这种评估方法虽然主观性较强,但可以更全面地了解学生的学习情况和练习效果。

此外,个体评估和群体评估是练习法效果评估的常用方法之一。个体评估主要针对每个学生进行评估,关注其个体差异和学习进展;而群体评估则侧重整体的学习效果和群体表现。通过个体评估可以了解每个学生的具体情况，并对其进行个别指导和激励；而通过群体评估可以分析教学效果和整体的学习结果，为教师和教务部门提供决策依据。

三、讲解法

（一）讲解法的定义与特点

讲解法在大学体育教学中具有重要的地位和作用。它通过运用言语、示范、图像等多种教学手段，向学生详细解释和说明体育知识和技能的内涵、要点和操作方法。讲解法具有以下四个特点。

1. 注重信息传递

通过言语的表达和传递，教师能够把复杂的体育知识和技能分解为易于学生理解和接受的信息，使学生能够准确理解和掌握。通过有效的信息传递，讲解法能够满足学生对于知识的需求，提高他们的学习效果。

2. 强调示范和演示

除了通过口头语言的解释，教师还可以通过身体语言、示范动作等方式进行实际演示，使学生更加直观地理解和模仿。示范和演示能够帮助学生建立起正确的运动形象，带领他们走向正确的学习方向。

3. 重视师生互动

在讲解过程中，教师应该积极与学生进行互动，例如提问、回答疑惑等，以增强学生的参与感和主动学习意识。通过互动，教师可以了解学生的学习情况，及时调整教学策略，提高教学效果。

4. 注重个性化教学

在实施讲解法时，教师应根据学生的不同特点和需求，采取不同的讲解方式和策略。教师通过个性化的教学，能够更好地满足学生的个体化需求，促进他们的学习积极性和主动性。

（二）讲解法的应用与实践

讲解法作为大学体育教学中的一种重要的指导方法，其应用与实践紧密结合,为学生提供了全面的体育知识和技能培养的途径。在大学体育教学中,讲解法的应用体现在多个方面。

首先,讲解法在大学体育教学中的应用可以通过详细的解释和演示,帮助学生理解体育知识的内涵和实践技能的要点。教师通过运用讲解法,向学生传递相关的理论知识,引导学生了解运动规则、技巧要领等方面的内容。同时,通过具体的实例演示,教师可以更加形象地展示动作的要素,使学生对动作有更清晰、更具体的理解。

其次,讲解法的应用可以通过与学生的互动和讨论,促进学生的思考能力和学习效果的提高。在讲解的过程中,教师可以与学生进行问答互动,引导学生思考问题,并找到解决问题的方法。通过与同学之间的交流和讨论,学生能够从不同的角度来理解和解决问题,进而培养学生的合作精神和创新思维。

再次,讲解法的应用可以通过引导学生自主学习和探究,激发学生的学习兴趣和积极性。学生在教师的指导下,通过查阅相关资料、进行实地观察和实践等方式,主动地去发现和解决问题。这种探索性学习的过程,培养了学生的自主学习能力和解决问题的能力,提高了学生对体育知识的理解和应用能力。

最后,讲解法的应用还可以结合多媒体技术和教学资源的支持,丰富教学内容,增强学生的学习效果。教师通过利用多媒体教学工具,如投影仪、电脑等,可以为学生呈现更具吸引力和互动性的教学内容,让学生更好地理解和掌握体育知识和技能。

(三)讲解法的效果评估

在大学体育教学中,讲解法是一种常用的教学方法。讲解法是通过教师对学生进行详细的口头讲解和说明,以便让学生理解和掌握相关的知识和技能的教学方法。然而,仅仅依靠讲解并不能确保学生的学习效果,因此,对讲解法的效果进行评估和优化显得尤为重要。

首先,讲解法的效果评估需要考虑学生的学习成绩。学生学习的最终目标是获取知识和技能,并在实践中应用。因此,在评估讲解法的效果时,可以通过学生的考试成绩、实际操作能力以及综合素质来反映学习效果的好坏。这可以通过定期的考试、考查和实践活动来进行评估。

其次,讲解法的效果评估还需要关注学生的学习兴趣和积极性。如果学生对讲解内容缺乏兴趣并且没有积极参与其中,那么即使讲解得再好,学生学习效果也不会很好。因此,评估讲解法的效果时,可以采用学生的反馈意见、调查问卷等方式,了解学生对讲解内容的理解和接受程度,以及他们对教学方法的满意度和参与度。

最后,讲解法的效果评估还需要考虑学生的学习反馈。学生对于讲解内容的理解和掌握程度可以通过作业、练习题等形式进行反馈;教师通过检查和评估学生的作业完成情况和答题情况,可以了解学生对讲解内容的掌握情况,进一步评估讲解法的效果。

针对讲解法的效果评估结果,可以采取相应的优化策略。如果发现学生的学习成绩不理想,或者学生对讲解内容缺乏兴趣,可以进行课程内容的调整,增加互动性,提高学生学习的积极性。同时,教师可以参考学生的反馈意见,优化讲解方式和方法,提高讲解的效果。

四、示范法

(一)示范法的定义与特点

示范法是大学体育教学中一种常用的教学方法,它以身体动作规范、技术精湛的示范为主要手段,通过提供标准的表演范例来指导学生的学习和练习。示范法的特点主要有以下四个方面。

第一,示范法强调身体动作的规范性。在体育教学中,动作的规范性对于学生的技术提高和动作表现非常重要。示范法通过对动作的精准演示,使学生能够清晰地理解和模仿正确的动作要领。通过不断的示范和学习,在规范的示范下,学生能够逐渐提高动作的质量和效果,从而提高自己的技术水平。

第二,示范法注重技术细节的展示。在体育教学中,技术细节决定着动作的成功与失败。示范法通过对技术细节进行详细的解说和展示,让学生能够更加深入地理解和把握技术动作的关键点。通过示范和练习,学生能够逐步掌握技术要领,提高技术的精准性和稳定性。

第三,示范法注重学生的参与与互动。示范并不仅仅是教师示范,而是鼓励学生参与其中。在示范过程中,教师可以选择一些学生进行示范,让其他学生观察和评价。通过参与和互动,学生能够更好地理解和掌握技术动作,增强对动作的感知和体验,提高学习的主动性和积极性。

第四,示范法注重学生的反思与反馈。示范法并不仅仅是表演和模仿,更重要的是对学生进行及时的反馈和指导。教师在示范完成后,可以向学生提出问题,引导学生进行自我评价和反思,使学生能够更深入地理解和掌握技术动作。通过多次的示范和反馈,学生能够不断改进自己的动作,进而逐渐提高自己的技术水平。

(二)示范法的应用与实践

示范法作为大学体育教学中的一种重要教学方法,具有独特的应用价值和实践意义。在体育教学中,通过师生之间的互动和实际动作表演,学生可以更加直观地理解和掌握体育动作的正确要领。示范法的应用体现在以下四个方面。

首先,示范法在大学体育教学中的应用可以促进学生对体育动作的准确理解。通过教师的示范,学生可以直接观察到正确的技巧和动作要领。教师可以通过明确的动作展示和口头解说,帮助学生理解每个动作的步骤和要点,从而提高学生对体育动作的准确把握。这种直观的示范教学方法可以避免学生因自我理解错误而形成错误的动作习惯。

其次,示范法在大学体育教学中的应用可以激发学生的学习兴趣和积极性。通过教师的示范,学生可以看到优秀的示范者展示出准确、流畅、协调的体育动作。这种看到优秀示范的现场视觉体验,可以激发学生对学习体育技能的兴趣和渴望,促使他们更加主动地参与体育学习。在示范法的实践过程中,学生还可以参与教学过程,通过模仿、练习和互助,从而进一步提高自己的技能水平。

再次,示范法在大学体育教学中的应用可以提升学生的动作表现能力。在示范的过程中,教师可以通过精湛的演示和细致的指导,帮助学生纠正错误的动作姿势,并指导学生改正动作技巧进行正确练习。通过多次的示范和实际动作表演,学生可以逐渐掌握动作的节奏、力量和协调性,提高自己的动作表现能力。而这种持续的动作训练可以增强学生的运动技能和体能素质,使他们在体育运动中能够更好地发挥自己的实力。

最后,示范法在大学体育教学中的应用可以促进学生的互动和合作意识。在示范过程中,学生不仅仅是被动的观察者,还是与教师和同学形成互动和合作的参与者。通过互相观摩、模仿、配合动作等,学生可以相互学习、借鉴和帮助,激发出团队合作的意识和动力。这种互动和合作不仅可以提升学生的学习效果,还可以培养学生的交往能力和合作精神。

(三)示范法的效果评估

示范法作为大学体育教学中一种重要的教学方法,其效果评估是必不可少的一环。通过对示范法的效果评估,可以客观地了解该教学方法对学生的学习效果和教学质量的影响,为进一步改进和优化体育教学方法提供依据。

首先,示范法的效果评估可以从学生的学习成绩和能力提高两个方面进行考察。通过对学生在示范法教学下的学习成绩进行比较分析,可以看出示范法是否能够促进学生的知识掌握和技能提高。同时,还可以通过实际操作和实践测试,评估学生在示范法下掌握的技能是否具备实际应用的能力。

其次,示范法的效果评估应注重学生的态度和参与度。一个方法的有效性不仅仅取决于学生的学习成绩,还取决于学生的学习兴趣、学习态度和学生在教学过程中的积极参与。教师通过问卷调查、观察和访谈等方法,可以了解学生对示范法的主动性,以及他们在教学过程中的学习体验和主观感受。这些信息将有助于全面评估示范法的教学效果。

最后,示范法的效果评估还需考虑教师的角色和教学环境的影响。教师在示范法教学过程中扮演着示范者的角色,教师的示范行为和教学能力直接影响着学生对该方法的接受程度和应用效果。因此,对教师的示范能力和教学质量进行评估,可以为评估示范法的效果提供依据。同时,教学环境的因素也不容忽视,例如场地设施、教学资源等,都可能影响示范法的效果。因此,在示范法的效果评估中应考虑这些因素的影响和改善方案。

第二节 体育教学方法的设计理念和选用

一、体育教学方法的发展现状

(一)科学技术的不断进步促进了体育教学方法的发展

当前,由于计算机的使用,一些体育动作的规范性不断增强,准确性也在不断提高,且进行体育技术指导更加不受时间和地点的限制,示范性动作的播放快慢也可以任意地调节,因此,随着计算机的应用和普及,体育教学的讲解、示范和展示都产生了质的变化,并促进了体育教学方法的发展,提高了体育教学方法的科学性。

(二)体育教学内容的不断优化促进了体育教学方法的改进

教学内容和教学方法是相辅相成的关系,教学方法的正确运用可以更好地实现教学内容的传递和接收,教学内容的优化使得教学方法能够进一步完善和改进。如今,随着人们生活水平的逐渐提高,体育教学也日益受到重视,一些全新的体育教学内容被引入体育教学中去,因而,相应的教学方法也得到了开发和应用。体育教学内容的不断更新,促进了体育教学方法的日益完善。

(三)体育教学理论的不断充实促进了体育教学方法的完善

体育教学理论是在近代体育教育中逐渐确立起来的,由于体育教学理论是保证体育教学科学进行的基础,也是体育教学方法确立的依据,因此,体育教学理论的不断充实有利于促进体育教学方法的改善。过去的体育教学理论存在一定缺陷,最为显著的问题就是缺乏针对性分析,因此,在面对很多的教学项目时,采取的是"以不变应万变"的措施,但是不同的体育运动项目有着不同的技术要领,随着人们对体育教学方法理论研究的不断深入,类似于"领会式教学法"的方法就应运而生了。

(四)学生群体的不断变化促进了体育教学方法的改善

信息时代的到来,不仅丰富了人们的日常生活,而且也使学生群体的日常发生了显著的变化。在信息化时代下,学生的个性化发展越来越得到重视,传统的、单一的体育教学方法已经不能满足学生的成长需求,需要推陈出新,不断完善和改进体育教学方法。

二、体育教学方法的发展趋势

(一)体育教学方法的现代化

随着科学技术的不断进步,体育教学方法也在不断完善,其现代化也随着时代的发展表现得较为明显。体育教学方法的现代化主要表现在体育教学的设备上。为了更直观地向学生展示体育运动的魅力,体育教师会将录像带到体育课堂,借此开阔学生的视野,增长学生的知识。随着计算机的不断普及和应用,各种借助计算机完成的体育课件和体育活动,将学生对体育学习的感知提升至新的空间。

(二)体育教学方法的心理学化

心理专家表示,任何一种形式的学习都伴随着心理变化过程,而体育知识和技能的学习和获得更是一个复杂的心理变化过程。因此,在体育教学的过程中,对体育教学方法影响较大的学科包括学习心理学和体育心理学。为了更好地开展体育教学与体育活动,体育心理学家和运动心理学家运用心理学的研究教学,对学生在学习过程中的心理变化情况进行了探讨,并希望能够将研究得出的结果应用到体育教学方法的改革中。

(三)体育教学方法的个性化

在体育教学的过程中,重视个性化是体育教学方法发展的一大进步。任何一种教学方法的实施对象都是学生,而由于学生成长环境、自身条件的不同,其接受能力和学习情况具有较大差异,加之不同学校的教学条件和教学进度存在较大差距,因此,体育教学有必要根据实际情况,针对学生的个性化和学校之间的差异作出合理调整。现阶段,随着这一教学理念在体育教学中的不断扩展和应用,个性化、民主化的体育教学方法得到了进一步发展。

三、体育教学方法的设计理念和选用

(一)以语言传递信息为设计理念的体育教学方法

语言在任何一门学科的教学过程中都要使用到,以语言传递信息为设计理念的体育教学方法,实际上就是教师运用口头语言向学生传授有关体育知识和技能的一种教学方法。由于语言是传递信息、人际交流的主要工具和用途,因此,语言讲解不仅是人们普遍使用的一种沟通方式,还是教师教授学生时使用的最重要的一种教学方法。以语言传递信息为设计理念的教学方法主要包括讲解法、问答法和讨论法。

(二)以直接感知为设计理念的体育教学方法

以直接感知为设计理念的体育教学方法是体育教学中普遍使用的教学方法,是通过教师对某种体育技能的演示和直观表达,使学生借助身体的感知获得体育教学相关知识和技能的教学方法。这种教学方法因为具有直观性,而且便于学生接受和掌握,所以在体育教学中颇受欢迎。

根据对体育教学方法的研究,可将以直接感知为设计理念的体育教学方法分为示范法、演示法、纠正错误法、帮助法和视听引导法。

(三)以身体练习为主要设计理念的体育教学方法

以身体练习为主要设计理念的体育教学方法是指通过身体锻炼和练习以及技能的学习,使学生掌握和巩固某种运动技能,让学生的身体得到锻炼的教学方法。因为体育教学的本质就是以学生的实践活动为主要特征的教学,所以,以"身体练习为主"的教学是开展体育教学的主要方法和形式,也是教师进行知识和技能传递的主要手段。在体育教学实践中,以身体练习为主要设计理念的体育教学方法有分解练习法、完整练习法、领会练习法。

第三节 体育教学方法的影响因素

一、教学的目标与任务

教学目标是体育教学的起点和重点,教学任务是实现教学目标的基础和保障,教学方法是完成教学任务的条件和媒介。因此,无论是体育教学方法的设计还是体育教学方法的选择都离不开教学的目标和任务的指导,再加上不同的教学目标和任务对学生的要求不同,教学工作者应当根据要求设计具有针对性的教学方法。

一般来说,体育教学目标可分为认知、情感和技术动作这几个方面,每个方面的教学,又可以根据对知识和技能要求的不同分为若干个层次,不同的层次需要学生掌握的内容、要求不尽相同,因此所需要的教学方法也就有所不同。

总的来说,这要求体育教师要对教学内容进行深入的研究和分析,掌握每一种教学方法所对应的知识和技能,同时,还要能够将教学中抽象、宏观的教学目标转变成实际可操作的具体的教学目标,并清楚地知道何时选择何种教学方法最有效。

二、教学内容特点

教学内容是体育教学的重要参考,也是体育教学方法的服务对象之一。由于不同课程以及科目的教学内容不同,其教学任务也就存在着明显的差异,所需要的教学方法也会有所不同。由此可见,教学内容特点是教学方法选择和实施的参考依据。

每一种教学内容都有其相适宜的教学方法,如果需要学生掌握的教学内容是一些纯理论性的知识,如体育教学的发展历史、体育教学的起源等,就可以选择讲解法进行教学,或者借助多媒体教具,通过图片或动画的形式向学生展示体育相关的理论知识;如果需要学生掌握的教学内容是一些技术性较强的知识,那么就需要运用实践法进行教学。

三、学生的身心发展状况

体育教学是贯穿于学生整个学习过程的教学,具有持久性。学生的身心发展状况主要包括学生现有的知识水平、智力发展水平、学习动机状态、年龄发展阶段的心理特征、认知方式与学习习惯等,因此,学生的身心发展状况对体育教学会产生一定的影响。心理学研究和教学实践表明,学生的身心发展状况与教学之间存在着相互作用。所以,教学过程中教学方法的选择受到学生的个性心理特征和他们所具有的基础知识水平的限制。教师要科学而准确地分析学生的特点,有针对性地选择和运用适宜的教学方法,使学生在学习知识、掌握技能的同时,身心也得到健康发展。

四、教师自身的素养

教师是体育教学的主导者,承担着培养学生身体素质和综合素质的使命,并有指导学生科学地学习知识的责任。因此教师自身的素养直接影响着教学方法的选用和实施,从而影响体育教学的质量。教师自身的素养主要包括学科知识、组织能力、思维品质和教学能力。体育教师只有拥有较高的自身素养,才能在教学的过程中选择科学的教学方法,这也是提高教学质量的关键。因此,教师在教学的过程中,除了关注学生的实际情况之外,还要不断地提高自身的素养和专业水平,这样才能根据自己的优势,选择适合自己的教学方法,并不断创新教学方法,逐步提升自己的教学水平。

五、教学方法本身的特性

教学方法虽然是保证教学质量的关键,但是没有一种教学方法是万能的。每一种教学方法都有其相对应的人群和所适用的环境和条件,离开这种环境或条件,这种教学方法将无法充分发挥作用。简单来说,教学方法本身具有特殊性,只在特定的环境和特定的内容中才表现出亲和性和功能性,而且不同的教学方法对教学设备、教学对象和学生的身心发展特点等方面均有不同的影响。教学方法本身就是一种多因素的有机组合,既存在着促进的关系也存在着矛盾的关系,这些多因素也决定了每一种教学方法都有其相适应的范围和条件。

六、教学环境的要求

教学环境是教学实施的基本条件,也是保证教学正常进行的前提。任何一种教学方法都是在特定教学环境下产生和实施的,因此,教学环境是教学方法产生的土壤,也是教学方法赖以生存的养料。教学环境包括教学硬件设备、教学空间条件和教学所需的时间。在有利的教学环境中,会对教学起到一定的促进作用;反之,则会对教学产生阻碍作用。因此,在进行教学的时候,要进一步扩大教学方法的预期效果和适用范围。只有这样,教师在选用教学方法的时候,才能最大限度地利用教学环境,不断提升教学质量。

七、体育教学的指导思想

体育教学方法的核心在于体育教学的指导思想,有什么样的指导思想就会产生什么样的教学方法。体育教学方法的选择不仅取决于对教学理论的了解程度,而且取决于已经形成的体育教学指导思想的时代性和科学性。

教学方法的选择并不是一个简单的过程,它涉及很多因素。虽然教学方法是以教学活动中的很多因素为基本的准则的,但它并不是死板的,也不是一成不变的。在对学校教育和教学的研究中我们可以看到,使用教学方法,就是为了借助这些方法实现教学的目的。体育教学是一种对实践性要求极为严格的教学,也是一门相对复杂的学科,因此在选用教学方法时,要根据教学中所涉及的各种因素,选择合适的教学方法。

第四章 大学体育教学创新实践研究

第一节 体育教学的创新实践路径

一、大学体育创新创业教育发展趋势

近年来,随着我国产业结构不断调整与升级,促使第三产业迅速发展,其中服务业尤为突出。体育产业作为新时代新兴服务行业,其发展日新月异,并呈现出旺盛的生命力,使体育类大学生就业取向由传统从业方式向多元化从业方式转化,更多符合社会需求的体育服务岗位需要具有创新创业素质的体育专业大学生。现阶段,大学体育教育仍以注重学生体育理论知识和专业技能培养为主,重视提高学生的专项社会服务水平,而忽略在教育过程中对学生创新创业思维的培养,造成学生普遍缺乏创业需要的基本素养和能力,严重制约与影响高等体育院校学生的创新创业选择。

第一,目前大学体育创新创业教育的数量尤为广泛,但质量相对滞后。相比其他学科,教学师资是影响其质量的主要因素,特别是专任教师的缺乏,已成为其学科建设的主要阻碍。

第二,保障机制缺乏,特别是提高教育质量的激励机制和政策保障尤为突出,部分学校甚至没有与之相匹配的专项资金。

第三,创新创业教育课程体系不够完善。这类问题不仅是高等体育院校创新创业教育的独有问题,也是现阶段大学创新创业教育的共性问题。

第四，缺乏系统性、科学性的创新创业服务平台，这必然导致相应的政策或制度在实际落实时并不能通过系统、科学的统筹与安排，其落实效果会大打折扣。

第五，校企合作深度不够。创新创业教育从理论学习到项目申请、落地，中间经历的所有环节都必须由学校知晓，经市场检验，因此在培养创新创业人才的过程中必须融入校企协作的理念。但在实际教育中，极少有学校能形成校企联动培养的协作机制。

问题是实现目标的方向指引，透过问题看本质发现，我国大学体育院校创新创业教育虽然起步晚，但后劲足，特别是全国体育类创新创业大赛的成功举办以及体育产业在我国的迅速发展，给予大学体育创新创业教育发展极大的动力，而现代信息技术的快速发展及其与社会各界融合发展的成功案例又给大学体育创新创业教育多样化的发展途径。

二、"互联网+"背景下大学体育创新创业教育产教融合路径的内容体系

（一）"互联网+"背景下大学体育创新创业教育产教融合路径的理论基础

深化大学体育创新创业教育改革，整体设计需基于体育服务与体育教育的产教融合进一步深化，需符合服务国家和区域体育产业创新发展战略。因此，大学体育创新创业教育产教融合路径要理清体育类创新创业人才培养的内涵特质，要以"立德树人"为根本任务，重点加强满足体育产业发展现实需求的体育服务人才培养。另外，通过校企联动，构建基于"互联网+"背景下大学体育创新创业教育产教融合的校企协同机制，形成协同推进大学体育创新创业服务型人才的联合培养机制。以此，结合现代化信息技术，创新大学体育创新创业教育产教融合路径，促使企业需求和学生发展需求的有效融合。

同时，树立产教融合的创新创业人才培养理念，构建大学体育创新创业教学、实践和科研的融通机制，实现以人才培养为中心，促进学生全面

发展。此外,面向社会的体育服务需求,搭建提高学生创新创业能力的互联网平台和项目载体,提高学生信息整合与自主学习能力,引导学生形成一种新的学习方式。

大学体育创新创业教育产教融合即将体育产业与创新创业教育密切结合,相互支持,相互促进,使创新创业教育成为以人才培养、科学研究、产业服务为一体的产业性经营实体,形成学校与企业互为联动的教育模式。① 学校通过进一步对接体育产业需求,主动树立融入业界的理念,树立合作共赢的导向意识,并在管理体制、运行机制及资源配置上加快调整,把深化产教融合路径转化为自身发展的内在需求。大学体育教学推进产教融合没有统一固定的模式,主要是要根据体育产业实际需求培养人才,解决企业和社会的实际问题,提高学生的创新能力和服务水平。

(二)"互联网+"背景下大学体育创新创业教育产教融合路径的内容设置

基于"互联网+"的时代背景,拓展大学体育创新创业教育产教融合路径,健全大学创新创业教育运行机制,建立以学生发展为核心、以满足体育产业社会服务为目标、以"立德树人"为根本任务的大学体育创新创业教育的时代路径。其内容涵盖师资队伍建设、创新创业科研服务、学生创新创业能力发展、网络平台建设、教育活动标准化、成果转化六大内容模块,并以内容模块为导向,构建了以互联网为工具的"企业需求导向+学生专业发展导向"和"社会需求导向+学生专项实践导向"相融合以及"互联网+学校教育+学生实践"相融合的大学体育创新创业教育产教融合路径。该路径中六大内容模块既独立发展,又在信息技术的支持下实现信息共享,完成内容建设的互为补充。另外,在路径运行时,通过企业、社会与学生的互为融合,集互联网、教育与实践的互为融合于一体,促使大学体育创新创业教育产教融合路径既能满足产教融合的社会发展需

---

① 王慧,林莹懿."互联网+"背景下创客教育与高职创新创业教育融合模式探究——以时装零售与管理专业为例[J].中国职业技术教育,2018(8):78-81.

求,又能在信息技术的支持下不断优化升级。其内容体系构架设置如下图4-1所示。

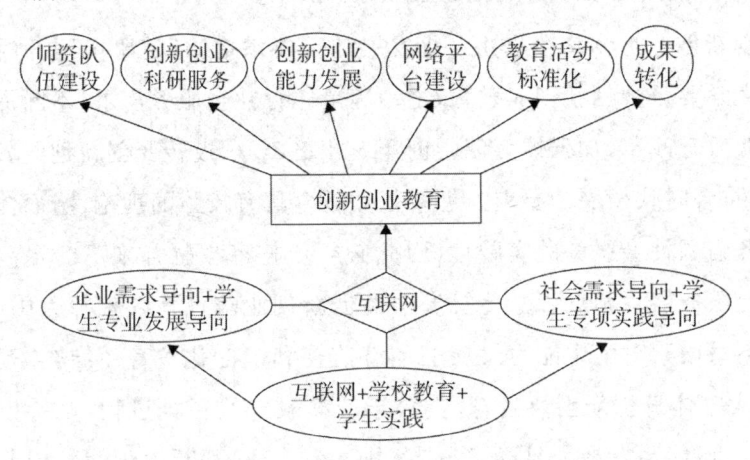

图4-1 "互联网+"背景下大学体育创新创业教育
产教融合内容体系构架

由图可知,企业和社会需求导向与学生专业发展和学生专项实践导向在网络技术的支持下呈现出互为融汇形式。首先,通过创新创业与学校专项教育相融合,使学生具备体育产业的基本社会服务能力。其次,创新创业教育的实质是人才驱动,大学要通过深化创新创业教育教学改革,创新教育路径,使之现代化、科学化,完善创新创业教育体系,促进体育类创新人才的培养质量的提高。

三、"互联网+"背景下大学体育创新创业教育产教融合路径的运行策略

大学体育创新创业教育随着体育产业的发展正处在快速发展期,为促进教学质量的稳步提高和创新人才培养与体育产业需求的有效衔接,其创新创业教育必须加强"互联网+"的课程建设机制的发展,结合产教融合路径,优化创新创业教育的资源配置与信息共享。利用互联网技术加强学校之间、校企之间的联动合作,学生、学校与社会之间的资源互通,建立共建共享共赢的大学体育创新创业教育信息平台,不断提升创新创

业教育质量,拓展创新创业教育路径。

(一)提高站位,优化创新创业教育理念

创新创业是体育产业社会化发展的重要举措,是健康中国的时代主题。大学要重视创新创业教育,主动满足体育社会服务需求,不断深化创新创业教育改革,加强体育创新创业人才培养,积极转变创新创业教育理念,以符合时代发展的要求。创新创业教育具有较强的理论性,而体育社会服务强调社会服务的实践性,因此必须依托产教融合来不断提高学生的社会服务能力和见识。传统大学的创新创业教育是以教师为中心的,明显不适用于对学生能力发展的动态监控和个性化教育。结合"互联网+"的大学体育创新创业教育,贯穿于产教融合路径全过程,坚持以问题为导向,以能力发展为目标,以信息共享为途径,不断优化创新创业教育理念,树立基于信息技术的产教融合教育理念。

(二)资源整合,联动创新创业教育信息

我国体育产业的发展起步晚,资源零散,专业程度不高,因此,体育产业在我国的发展速度相对滞后,也对我国体育专业人才培养提出了更高的要求。互联网的兴起极大促进了社会各行各业的互联互通,通过"互联网+大学体育创新创业教育",实现大学体育创新创业教育的产教融合及由大数据精准分析课程体系和教学内容以及与学生现实需求的契合。"互联网+教育"的产教融合路径将创新创业教育融入学科专业建设之中,融入人才培养全过程,充分利用现代信息技术,充分整合学校之间、校企之间、学生与学校和企业之间的动态信息与现实需求,实现以问题为导向的教学、学习与实践的互为联动。从教学角度,教师合理把控学生学习状态,适时调整满足社会需求的教学方向,不断培养出体育产业所需要的创新创业人才;从企业角度,提出适合企业发展的人才类型,为学校教育方向调整提供依据;从学生角度,适时发现优质学习资源,实现基于信息技术的多元化学习。可见,通过"互联网+教育"的产教融合路径可有效整合社会、企业、学校、学生等各类信息与资源,实现产、学、研协同创新,为大学体育创新创业教育和国家创新驱动发展战略助力。

(三)尊重规律,构建创新创业教育课程模块

体育专业大学生创新创业能力的培养必须以循序渐进为原则,以理论教学为基础,以实践教学为重心;必须通过信息技术工具,整合大学体育创新创业教育课程资源和教学实践平台,结合产业发展需求,提供教学引导方向,基于此,将创新创业教育课程模块化。创新创业教育课程模块设置包括队伍建设、创新创业科研服务、学生创新创业能力发展、网络平台建设、教育活动标准化、成果转化六大模块。该课程模块的循序渐进原则主要体现在教育过程随学生年级变化的层次性。首先是基础层次,即创新创业教育的基础课程,主要面向低年级学生,以培养学生创新创业意识为主要目标,结合信息技术对学生收集数据的过程评估,发现学生创新创业潜力。其次是提高层次,主要面向对创新创业具有较强意愿和较高潜力的学生,以培养学生创业知识、创业技巧和创业技能为目标。最后是实践层次,促进学生创新创业理论与实践的结合,以培养学生体育社会服务能力为目标,提供体育产业服务需求,由网络平台提供创新创业环境,实现产教融合的创新创业教育路径。

(四)互联互通,把控创新创业教育过程

以互联网为工具,可建立社会、企业、学校与学生在创新创业教育过程中的有效联结,形成大学体育创新创业教育的网络动态系统。在教育资源上,学校之间、校企之间、师生之间实现联动互通,实现信息实时共享。在教学活动中,通过课前课后、线上线下、校内校外的师生互动,使各学校的课程资源得到充分利用;另外,通过互联网教学拉近了教学对象与教师的距离,拓宽产教融合的发展路径。在课程建设上,以互联网为媒介的创新创业课程建设,其目标更加符合体育产业的社会需求,课程内容更加符合学生能力发展需要,课程建设对象更加多元化,形成了跨地域、跨行业、跨学校、跨学科、跨专业的创新创业教育课程建设和培养模式,极大提高了体育类创新创业教育课程的质量。

四、"互联网+"背景下大学体育创新创业教育产教融合的路径

(一)创新创业教育工作精细化

互联网的广泛应用提高了信息交流的实效性、资源使用的便捷性。当代大学生善于利用网络辅助学习,而且,"互联网+"背景下高等体育院校创新创业教育符合时下社会发展趋势,学校体育充分认识这一现状,努力开发"互联网+教育"的教学模式,建立以互联网为支撑的大学体育创新创业教育网络平台,实现对教学过程的课程建设、考核评价、过程监控、创业服务等内容精细化管理。另外,将体育产业行情动态纳入教育平台,通过对行业需求的分类管理,提供学生实践创业的行业发展实时动态,为其选择创业方向提供现实依据;通过积极推送创业教育、创业服务等实时资讯,开辟线上与线下相结合的创新创业教育产教融合的精细化服务路径。

(二)创新创业教学目标专一化

体育教学通常是以强化学生运动技能,加强基础专业知识为主要目标的,在不同专业中运动技术与专业理论的比重各不相同,其教学目标又呈现多样化,势必影响学生创新创业能力。大学体育创新创业教育在互联网支持下,整合体育产业实时动态,共享创新创业教学资源,提供创新创业实践网络平台,贯彻以创新创业能力培养为中心的教学策略,坚持把学生创新创业能力培养作为教学目标,坚持以创新创业所需的心理品质、创业意识和创业能力作为教学主线,兼顾体育专项技术和专业理论,根据学龄按层次开展教学活动,使创新创业教学目标不断集中统一。同时,"互联网+"背景下大学体育创新创业教育产教融合的路径也彰显了培养学生创新创业能力的教学要求,突出了探究思考、自主学习和主动实践的现代教育特征。

(三)创新创业教育与实践链式服务

"互联网+"背景下的大学体育创新创业教育产教融合路径提供学生创新创业学习与创新创业实践以实践链式服务,并将创新创业教育划分为理论学习、创新创业孵化和创新创业转化三个阶段。在理论学习阶段,通过对学生创业能力的初始评估,提供创新创业能力发展的个性化教学方案,实现教学过程的因材施教。在创新创业孵化阶段,通过大数据匹配技术,先完成项目自动筛选,再由指导教师精选契合体育产业发展动态的创新创业项目进入孵化阶段。在筛选过程中,通过竞争激发学生的创作热情,同时选拔适合进入创新创业培养链的优秀项目进行培养。而在创新创业转化阶段,通过校企联动,将创新创业项目投入市场并由学生自主运营,在企业的指导下,由市场检验创新创业的可行性。经过一系列的创新创业能力链式培养,实现学生创新创业能力渐进式提高的目标。而在创新创业中取得成功的案例又可反馈于创新创业教育,进一步引导创新创业教育的方向选择。

第二节　大学体育教学的数字化发展与课程整合实践探析

一、大学数字化体育教学的构成

教学指的是根据教育目标、内容,由教师的教和学生的学共同参与的教育工作。学生按照教师的教学指导,有计划、有顺序地逐步吸收科学文化知识;掌握各种技能,从智慧、体能、品德、审美等方面不断完善自身能力,教师要制订科学、合理的教学方案,有效推动学生的能力提高。大学数字化体育教学指的是大学在传统体育教学的基础上,深层次地引入合适的现代信息技术,利用学生喜欢的方式传授体育教学内容,深入发掘学生的体育潜能,升级体育教学模式,优化整合体育教学资源,最终完成体育教学的目标。体育教学过程也是高等教育院校体育教育结合现代信息技术的实际操作过程。

第一,信息资源。体育专业学生和体育锻炼者可以通过发达的计算机网络教学平台,获取各种满足自身需求的信息资源。数字互联网通过非线性知识输出以及海量的信息储存,建立了优良的信息大环境,提供了源源不断的知识信息,使学生和体育锻炼者实现多渠道自主学习的目的。

第二,体育锻炼参与者。数字互联网多媒体可以吸引越来越多的人参加体育锻炼。参与人群通过参与锻炼活动,形成合作意识。体育教学加入现代数字技术,可以激发大学生的体育学习兴趣、自主锻炼积极性,从而提高大学生参与度,保证其主体地位。

现代信息技术为教学手段提供了现代化模式的框架,其构思为:以计算机作为储存传输数字化了的教学内容的载体,以"网络化""智能化"了的信息技术作为驱动载体高效率地储存、传输教学内容的动力。"数字化"是引发信息技术革命的契机,实现了"数字化",就能将图像、声音、视频、动画、文字材料等教学内容中的元素以一定数字格式输入计算机中,从而达到借助计算机进行存储、传输的目的。网络促进了信息技术的发展,拓宽了信息技术的传播渠道。"智能化"的多媒体、超媒体、人工智能等,可以增强体育教学软件的功能,更好地协调教与学活动的互动性。当"智能化"与"网络化"融合一体,现代化教学就如虎添翼。当今学生对于直观、形象、感染力强的客观事物的兴趣比较高,现代信息技术中的数字媒体教学软件恰恰能满足他们的这种兴趣需求,并且能适应他们理性思维不强、学习持久力弱的特点。数字媒体教学软件的应用,发挥了学生的主体作用,开阔了知识领域,缩短了教学时间,提高了教学质量,激发了学生的创造性思维。由此可知,数字化体育教学范式可以提高教学效果,成为优化大学体育教学的重要手段之一。

二、大学数字化体育教学的作用

合理运用现代信息技术可以卓有成效地优化教育条件,推动体育教学高品质的发展。体育教学合理地采用数字化多媒体手段进行教学活动,使学生能够保质保量地学习知识,锻炼体能。传统的体育授课形式是教师一边亲身示范,一边讲解动作要领,学生对此可能不感兴趣。现代数字多媒体教学可以营造色彩鲜明、生动形象、丰富多样的视觉、听觉效果,这对于学生而言,具有极大的吸引力。体育教学内容可以借助体育教学多媒体软件,展示动画或立体剖析图,辅助教师口头讲解,学生受声音、画面的吸引,注意力专注,学习兴趣大大提高。

重点、难点、易混淆点的动作教学对于体育教育来说也是一个十分难解的问题。在传统的体育课堂教学中,教师会就重点、难点、易混淆点的动作以及复杂、速度快的动作,进行反复示范、讲解,以求学生能够完全掌握,但其效果往往不是很好。通过运用现代数字多媒体软件,针对重点、难点、易混淆点的动作,教师可以向学生反复播放示范视频,而且可以进行慢放动作,让学生看清并理解每个动作要领;教师还可以灵活运用声效、画面效果等将动作分解并直观地呈现在学生面前,以提升教学成效。

现代信息技术在大学体育教学中的应用,不仅使大学生学到了知识,加深了对所学动作的理解、记忆和掌握,而且培养了他们的主动思维、观察学习的能力,提高了体育课的教学效率。大学生变被动锻炼为主动锻炼,提高了锻炼效率。

采用数字媒体实施的体育教学生动、形象、感染力强,能使学生在兴趣盎然的状态下接受知识,易于激发学生的学习兴趣和内部动机,为学生全面理解竞技项目,充分感受体育乐趣,激发他们锻炼身体的热情,培养终身体育观念提供了有利条件。这样实施体育教学对大学生的感知、理解、记忆、应用等都能起到有益的影响,它能使大学生对所学体育教材得到充分感知,能活跃大学生的思维。

三、大学数字化体育教学的本质

第一,大学数字化体育教学的本质可以看作是体育信息系统工程,主要包括体育教学信息获取子系统、体育教学信息梳理子系统、体育教学信息整合子系统、体育教学信息传输子系统和体育教学反馈接收子系统。

对于现今的体育教学过程来说,关键因素在于信息。改革创新之风席卷了整个教育界。这里强调的创新是指通过各种途径,收集大量的体育教学信息,并根据学生的实际情况和学校教学条件,改良体育教学方式,更新体育教学内容,丰富体育教学方法,打破传统体育教学的束缚。就目前的信息收集技术而言,获得大量的体育教学信息轻而易举。然而由于每个学校的体育教学环境、基础设施、学生个性、地域风俗等都不同,因此体育教学信息的应用不能"一刀切",要有的放矢。

大学体育教学创新的关键,是梳理、整合体育教育信息。经过梳理、整合之后,体育教育信息进入信息成品传输阶段。体育教学方案按照教学目标进行修正,完成教学理念创新、教学手段创新、教学内容创新,形成最终的体育教学方案,并用于实际教学中。体育教学信息输出后必须有所反馈,只有这样才能知道创新后的教学理念、教学手段、教学内容是否被师生认可,有哪些地方做得好可以保留,哪些地方做得不好需要继续完善,这些信息都需要通过信息反馈收集子系统汇总起来。因此,信息反馈收集子系统至关重要。

第二,数字技术打开了现代化体育教学的新世界。和其他教学过程一样,数字化体育教学过程既是体育信息输出的过程,又是创新认知、促进学生身心全面发展的过程。利用数字技术可以快速获取大量的信息,同时又可以对信息进行分析整理,进而使人们能够更深入地了解体育知识的内在。数字技术就好比一把钥匙,它让人们看到一个全新的世界,看到很多之前没有涉及的体育知识,至今人们也不清楚数字技术在体育教育中的作用极限。

数字化体育教学过程和一般体育教学过程的主要区别是一般体育教学过程系统是人—人系统。数字化体育教学过程系统是人—机—人系统。但是体育教师在数字化体育教学过程中,同样起主导作用。在体育教学中,无论是从体育教师还是从大学生的角度来说,人永远是最关键的因素,人和机这二者,人始终是主导者。在提高大学体育教育质量的过程中,信息技术是一种工具,是一种资源,是一种手段,所以信息技术最重要的作用是可以提高教育者(体育教师)与受教育者(大学生)进行沟通的能力。

综上所述,大学数字化体育教学是属于现代体育教学范畴的一种新的教学方式。但它不只是一种新的教学工具,不只是一种新的教学方法和教学形式,不只是一种新的教学内容传递形态,而是所有这些的综合,是一种新的教学方式。大学数字化体育教学也是一个过程,一个人机结合、高效优质地完成体育教学目标的过程。

四、大学数字化体育课程的整合

进入 21 世纪,教学事业逐步实现数字化、网络化、信息化。

纵观世界教育现状,不管是高等教育理论还是高等教育实践都脱离了以往功利主义的教育理念,以人的发展为核心的人本主义取代以往的以学科课程为中心的教学理念,这说明教育事业的现代化已经取得了阶段性成果。知识更新速度的加快侧面反映了当代社会的教育现代化也加快了脚步。教育的目的就是满足人的需要,目的论的价值观取代了手段论价值观,培养人才水平的高低取代了传授知识多少的教育价值取向。人们利用网络化、信息化可以最大限度地审视世界、更新知识。

信息技术借助日渐完善的计算机技术和突飞猛进的网络技术,实现了本质上的改革创新,同时也改变了人们的信息处理方式。全球范围的信息技术改革创新使社会生活的各个方面都发生了变化,推动社会向前跨出了一大步。课程整合是信息技术实现改革学习方式的主要嵌入点,所以,信息技术理所应当地成了体育课程整合的主要支撑。顺应时代改革创新要求,要以先进的体育教育理念、理论为导向,以信息技术作为学生进行自主学习锻炼、实现情感激励、创造丰富多样的教学条件的工具,同时大学体育教学利用以上工具优化整合各方体育教学资源、各种体育教学因素以及体育教学设计环节,从而基于优化整合结果生成聚集效应,从根源上改革大学传统体育教学形式,改变传统的以体育教师为主体的教学结构和教学定式,进一步实现学生身心全面发展的教学目的。

大学体育专业教学引入信息技术,即大学课程与信息技术的全面根本性融合。这种融合并不是体育教师将信息技术作为演示媒介的表面结合,而是将体育学科融合信息技术,在融合中尤为注重人的主导地位,同时达成物化的人与信息、现实世界与数字虚拟世界的互相融入。

(一)大学数字化体育课程的内在结构整合

大学体育教学以现代信息技术为媒介,通过对体育教学过程中几大要素间相互关系的调整,实现体育课程信息化的内在结构整合。

运用现代信息技术进行体育教学,具有相对稳定性、实践性、可操作性和灵活性。

在运用现代信息技术进行大学体育教学的整个教学活动过程中,信息是多种双向传输方式,即师→生、生→生、数字媒体→师(数字媒体)→生(数字媒体)、生(数字媒体)→数字媒体、师→数字媒体。在这个教学活动过程中,数字媒体的优势得到了充分发挥,学生可以直接获取数字媒体上的信息,进行自主学习与锻炼,也可以通过数字媒体间接从教师、其他学生处获取信息。师生地位得到了充分的体现,学生可以从数字媒体上自行获取信息,自主学习与锻炼,师生之间、学生之间可以相互讨论、协作学习与锻炼;教师可以通过数字媒体或师生之间的交流,组织、引导、帮助学生学习与锻炼。

(二)大学数字化体育课程的教学内容整合

随着信息技术的不断融入,信息技术不仅作为一种教育理念创新被运用于课程系统,还作为一种教学方式创新运用于课程教学中。依托信息技术运用的"建构主义认识论"在课程教学业内催化转型,进一步加剧课程系统数字化。利用计算机多媒体和数据网络通信技术,将课程教学内容转化为数字知识信息,应用于课堂教学过程,大大拓宽了学生视野,这就是所谓的课程的数字化。在数字化课程教学过程中,充分突出了学生的主体地位。网络、多媒体等数字技术为学生塑造了声音、画面逼真形象的学习情景,提供多样化的可反思、可操作的实践探索机会。

学生在体育课堂上可以自由学习、自由探索、大胆实践、大胆创新,这是数字化体育教学的最大教育价值。

大学数字化体育课程秉持以学生为主体,增强学生的创新思维,涵盖"个人体育知识"的原则,进行教学内容优化重组。

信息时代大学体育课程内容的独特景观包括两个方面的内容:一方面重视信息技术知识,另一方面重视个人体育知识。这两个方面存在内在统一性:信息技术知识是以大学生学习者为中心的,它整合了个人体育知识;个人体育知识又是处于"网络化社会"之中的,它离不开信息技术知识的支撑。随着全球信息技术的发展,特别是网络的出现,为学生提供了丰富的信息资源,既充实了学生的大脑,又活跃了学生的思维。现代信息技术提供的信息资源,是一个体育教师远远不及的,学生在互联网的海洋中,可自由自在地获取他想要的东西,这一发明,摆脱了体育教师固定思维的束缚,在体育锻炼活动中使学生由被动学习变为主动学习,使学生的学习能力与锻炼能力不断提高。现代信息技术提供的知识资源使大学体育教育教学内容与教法发生了一场深刻变革;在教法上它鼓励采用以学生为中心的教学方法,充分调动学生学习与锻炼的自主性和积极性。

(三)大学数字化体育课程的教学评价整合

首先,在体育课程评价上要超越"目标取向的评价",走向"过程取向和主体取向的评价"。变革课程评价是打通我国大学体育课程改革"瓶颈"的关键。体育课程改革应重视评价过程改革,把课程评价视为课程改革的有机构成。其次,在课程价值观上要超越控制本位的"目标取向的评价",要充分理解课程实践,尊重评价对象的主体价值,运用多元价值标准,走向"过程取向和主体取向的评价"。

体育教学成效评估、问题诊断、信息反馈、教学矫正是体育教学评价系统的主要内容。大学的体育教学评价可以通过体育课程的数字化整合大大增强客观性。体育教师经过客观的体育教学评价,可以了解教学质量和教学过程的优点与不足,从而激发教学积极性;针对学生身心发展制定科学客观的评价系统,也可以提高体育专业课程的综合质量。为了保证评定手段、评定过程的客观公正,将数字技术的教学过程录像、电子跟踪、集体观摩、背对背学生打分考核、计算机分析学生考试成绩等方法广泛应用于评价实践中,从而最大限度地降低了非客观因素的影响。制定完备、客观、量化、可执行性强的教育评价系统,对于体育教育数字化改革来说非常重要。

第三节 "互联网+"背景下大学体育教育智慧化发展创新

一、"互联网+"背景下大学体育教育智慧课堂创新发展

随着互联网、物联网、大数据等技术的发展,智慧体育成为大学体育改革研究的热点和创新点,但由于大学体育智慧课堂仍处于起步阶段,众多学校关于体育教育智慧课堂的发展仍处于理论研究层面,但不少大学也已经有了智慧健身实验室。随着移动互联网的普及程度越来越高,不少大学都全面覆盖了无线网络,有些大学便以此为基础开发和应用属于自己的体育类 APP,其中的功能和内容主要有体育成绩及课表查询服务、校园体育资讯服务、体育场馆服务、体育社团管理服务以及科学健身

等,全面整合了学校现有的体育资源。

(一)"互联网+"背景下大学体育教育智慧课堂的影响因素

1. 学生层面

大学体育教育智慧课堂以学生为本,其主体是学生,因此,大学生成为大学智慧体育教育课堂第一个受到影响的群体,而大学体育教育智慧课堂能否开展也受到学生的影响。首先,大学生的态度。从学生层面看,体育教育智慧课堂能否成功开展取决于大学生是否有兴趣使用体育类APP。其次,学生的配合度。体育教育智慧课堂的改革方向是教学的手段、方法和评价,而其中必然少不了学生的配合,在开展体育教育智慧课堂的过程中,不仅要严格管理学生,还要严肃对待成绩考核。因此,大学体育智慧课堂能否顺利开展还取决于学生是否足够配合。

2. 教师层面

教学是大学体育教育智慧课堂的重中之重,教学活动是双边的,包含了师生之间的教与学,体育课程改革意味着教师要改变以往的角色,在参与课程开发的同时从主导者变为引导者,让学生学会自主学习。

(1)教师的理念。大学体育智慧课堂的理论基础源于智慧教学理念,同时参考了人本主义教学、建构主义教学以及混合式教学等理论,在教学过程中做到以学生为本,充分发掘他们的主观能动性和主动建构性,帮助学生实现全面发展。从教师的层面看,体育智慧课堂能否顺利开展取决于大学体育教师能否做好教学设计、课前准备工作,能否做到与时俱进,能否对智慧化的教学理念进行认真的落实、总结和反思。

(2)教师的教法。教师的教法就是教师所采用的教学方法。在以技术为基础的大学体育教育智慧课堂所进行的智慧化升级内容中包含了教学的环境、设备和手段,并将大数据、互联网、物联网以及云计算等技术与课堂教学相结合,这会让教师转变以往的教学方法。因此,大学体育教育智慧课堂能否顺利开展还取决于教师是否会使用智能设备、数据平台、智慧系统等。

(二)"互联网+"背景下大学体育教育智慧课堂的创新建设

1. 大学体育教育智慧课堂的建设原则

(1)需求导向以人为本。教师要始终以需求导向为出发点,做到以学生为主体,满足大学生越来越多的体育智慧需求。在改革大学体育课程的过程中结合现代信息技术,让体育教学方式得到快速转变,使智慧体育教学拥有更强的能力,从而保证体育教育智慧课堂建设产生的效益既高效又便利,全面服务于学生。

(2)统筹兼顾持续发展。在规划和设计体育教育智慧课堂的过程中要着重考虑其发展特征,做好统筹工作,进一步整合体育教育智慧的各项资源,落实好每一个步骤。在大学体育教育智慧课堂的建设过程中,既要充分发挥大学的主导作用,又要充分发挥企业在资金和技术方面的支持作用,共享资源和信息,促进合作,让体育教育智慧课堂的建设得到社会各界的广泛关注和支持;此外还要关注环保和安全问题,保证体育教育智慧课堂实现长足发展。

(3)创新驱动增强活力。始终将创新作为动力源泉,在创新智慧体育的过程中要做到全方位,既要立足于理论,又要立足于实践,并且进一步研究云计算、互联网、物联网、大数据、虚拟仿真等技术,以保证大学体育智慧课堂的顺利展开。

2. 大学体育教育智慧课堂的建设路径

(1)大学体育教育智慧课堂生态圈。始终贯彻"健康第一"的原则,坚持以学生为本,在体育教学模式的创新过程中可以充分利用新一代信息技术,如大数据、移动互联网、物联网、云计算等,发挥学生的主观能动性;采用课上与课下相结合的方式,让教学更高效,让运动数据实现可视化,加强学校、教师、家长、学生之间的交流,共同建立起体育智慧课堂生态圈。

(2)大学体育教育智慧课堂主体架构。大学体育教育智慧课堂的构建非常系统化,离不开互联网、云计算、物联网以及大数据等不同技术的支撑,课堂内容可以利用智能化服务平台进行推送,管理完全实现信化。构建智慧体育校园服务平台,丰富大学生校园体育生活,提升大学生群体运动素养。以智慧体育为基础构建的体育教育智慧课堂需要注意以下四个方面:

第一,基础建设层。在构建体育教育智慧课堂主体的过程中,基础建设层就像地基,就是体育课堂智慧化的基础,其中包含了整合不同的体育资源,配备各种智能环境终端设备,改造升级运动场馆等。在收集体育信息的过程中可以利用物联网等技术,然后将其转化为数字信息,利用互联网输送已经整合完毕的大学生体育课堂信息。

第二,数据处理层。在构建体育教育智慧课堂主题的过程中,数据处理层就像包含了大量数字化信息的货仓,也可以将其看作健康云管理平台。它是根据相关体系处理、分析、展现体育教育智慧课堂的数据的,使用的技术有大数据和云计算等,基础建设层就是依靠数据处理层与应用服务层进行相互联结的。

第三,应用服务层。教学实现层达成的基础就是应用服务层,同时应用服务层还展现出了基础建设层与数据处理层最终的效果,属于前端工具,可以发挥的作用主要有教学、反馈、管理和评价等,还可以推送相关学习资源、管理学生成绩、提供体育类APP等。

第四,教学实现层。整个体育智慧课堂主体架构的出发点和落脚点都是教学实现层。通过它可以呈现出最终的体育课堂智慧化效果,师生的整个教学过程都是在信息化的体育智慧课堂上完成的,可以说,教学实现层是体育教育智慧课堂教学效果评价的核心。

二、"互联网+"背景下大学体育教师教学智慧创新发展

(一)"互联网+"背景下大学体育教师教学智慧特点

1.大学体育教师教学智慧的创新性

随着"互联网+"技术背景的逐渐强化,现代信息技术与课堂教学的不断融合,信息技术变得多种多样,因此,教师在教学时应当对现有的信息技术进行科学合理的利用。借助信息技术,教师可以对体育教学方法进行自主创新,让学生积极主动地融入课堂教学,所以,是否具有创新性

是衡量大学体育教师是否具有教学智慧的核心标志。在体育教学过程中,大学体育教师不应照搬以往的教学方法,也不应特意模仿他人的教学方法,大学体育教师需要突破常规的思维限制,力求创新,采用较为新颖的教学方法应对教学中出现的问题。大学应充分利用信息技术这个平台,将体育教师教学智慧的创新性不断激发出来。

2.大学体育教师教学智慧的依存性

体育教学智慧注重教师与学生间的主体性,教师与学生应当彼此尊重,营造轻松融洽的教学环境。借助互联网信息技术,体育教师的教学智慧与学生的学习智慧相互发挥作用,从而对体育教学产生影响。

(二)"互联网+"背景下大学体育教师教学智慧的生成策略

1.完善学校体育管理体系

随着互联网技术的发展,教师的思维也发生了变化。教师开始在教学中运用互联网技术,教师和学生不断拓宽视野、加强交流。体育教师也是学校教学活动的主要参与者,依托网络可以开展多样化的体育教学活动。但是,教师对互联网的运用不能仅停留在对互联网技术的使用上,而需要把互联网与教育相结合。因此,学校要努力完善学校体育管理体系,主要包括以下两个方面:

(1)改变教师的评价体系。对学校工作者而言,不能只用学生的成绩来评定教师的教学水平,教师评估应侧重教学效果和教学过程,将原始结果与过程评估相结合;与此同时,还应重视对师德的评价。除此之外,有些教师对教育教学工作作出较大贡献,必须给予精神和物质奖励,以促进教师之间的良性竞争。

(2)为体育教师搭建以互联网为中心的学习交流平台,一方面可以促进教师之间的学习交流,另一方面可以使教师之间有一种竞争的意识。教师应该以互联网为平台扩大或走出学校的交际圈,接受多样的教学理念,不断积累教育经验,提升自身的教学智慧。

2.提高体育教师技能融合能力

(1)加强体育教师理论和技能的培养。体育教师不仅要有坚实的体育理论基础,还要有专业的体育技能,体育教师对体育专业知识的掌握程度是形成教学智慧的基础。大学需定期对同一学科的教师组织相关培训,普通教师与优秀教师在一起学习,能通过互相交流做到扬长避短。大学也应该为体育教师创造更多的深造机会,让他们学习更多的体育理论和专业知识,从而促进体育教师全面发展。

(2)重视培养体育教师运用网络技术的能力。培养体育教师的网络技能需要很长时间,并且在组织培训时需要考虑不同体育教师的能力差异,要依据每位教师的能力水平制定与之相匹配的教学方法。与此同时,教师要经常进行总结和反思,使自身的专业素质不断提升。

21世纪,我国正处于一个伟大的快速转型时期,这为大学体育的建设提供了绝佳的历史机遇。大学体育是大学师生在特定的环境中,根据社会发展需要,通过学校各个层面创造并共享的一种继承和发展人类理性精神和人文精神的学科。可见,大学体育是一种高品位的体育文化,是大学学校精神文明建设的重要内容。如今,研究建设大学体育的意义,绝不仅是为了弄清它的概念和表现形式,也不是为了认识它的特征和功能,而是为了进一步拓展和丰富它的内涵,并努力发展与丰富学校体育生活,构建一套适应我国社会加速转型期大学教育发展的、健康向上的、开拓进取的大学体育行为模式和价值判断体系,以促进大学精神文明建设,为培养全面发展的新型现代化建设人才服务。

第五章 大学体育项目的教学与训练实践

第一节 大学体育教学实践研究

在过去的几年中,随着我国教育体制改革的持续推进,大学体育教学也得到了不断的完善和发展,无论是从重视的程度还是从理论与实践的角度看,都取得了显著的进步,为培养高素质的人才作出了积极的贡献。目前,我国的大学体育教育正在将终身体育的观念融入理论教学之中,并通过多种方式来激发学生对体育的热情和热爱,从而让大学体育教育焕发出新的生机和活力。然而,当前我国的大学体育教育仍面临众多挑战,须迅速应对和解决。

一、大学体育教育的教学方式

大学体育教育作为大学教育体系的一个关键环节,旨在促进学生身心健康的全面发展,并致力于培养具备多方面综合能力的多才多艺的人才。因此,为了激发大学生对体育的热情并推动素质教育的实施,我们必须对大学体育教育进行改革,必须摒弃传统的教学理念和方法。

在教育过程中,反馈信息的方式是多种多样的。基于多年的教学经验,教师可以设定一个既有吸引力又充满挑战的目标,激励学生去追求和完成它。这个目标既可以是建设性的,也可以是探索性的,或者是具有创新性的。举例来说,教师应当重视对学生能力的培养,并编写相应的预备教案,将教学过程中的预备环节交给学生去完成,可以增强学生的自我锻炼能力。利用学生通过领操返回信息的方式,这种方法为学生提供了更大的自由空间,使他们可以根据自己的知识、生活经验、兴趣和想象范围自由表达自己的观点。通过信息的回收,学生可以发现许多新颖、有趣和实用的教学方案和思路。这将使教师能够获取第一手的教学材料,更好地了解学生的内心感受和合理需求,从而更有效地完成教学任务。

教师如果希望激发学生的创新精神,那么就必须考虑到培养他们的个性和发展他们的特长,宽容他们的各种不同观点和言论,允许他们出现不成熟的想法和错误,允许他们用不同的思维方式思考问题,允许他们自由地竞争,并根据学生的性别、体质和技能进行分组教学。

二、体育实践课是贯穿体育教学的主体

一方面,体育教育工作者通过体育教学来教授技术和技能,以确保学生能够熟练掌握和应用这些技能;另一方面,体育理论的进一步补充能够为实践提供方向,使体育教育工作者可以通过教授体育理论,帮助学生熟练掌握各个课程的规则、裁判方法和体育健康知识。通过对体育理论的进一步补充,体育教育工作者希望学生在日常生活中能够独立承担小型比赛的裁判职责,这不仅有助于学生体育知识的累积和对健康锻炼的关注,还有助于增加学生的信息储备,使他们更加关心体育教学和自己的健康状况。

在体育教学的实际操作中,快乐教学可以被划分为深度和浅度两个不同的层面,将教材与游戏化、情境化和直观化相结合仅仅是表面的工作。只有当教师引导学生进行独立的思考,促使他们真正对学习和锻炼产生兴趣,并在此基础上进行创新,结合纵向的深入理解和横向的知识积累,才能引导他们进入更高层次的学习,并在不断积累的知识中实现创新。

在体育教学过程中,教与学构成了教师与学生之间的双向互动。在教学活动中,不仅需要教师教授学习方法,还需要教师引导学生深入研究和掌握这些学习方法。教师应明确规定哪些方面是学生可以自主决定的,并且不进行干预。例如,在完成健身操的组合教学后,学生需要熟练

掌握这些方法,并确保这些方法得到实际应用;教师需要采取相应的措施,并提出相应的要求。在课后分配作业和课前进行检查,让学生扮演教师的角色来评估学生的完成状况。在常规的教学活动中,教师可以简洁地向学生展示课时教案,这不仅可以将体育课转化为一种新颖的师生互动讨论,还可以在各个方面展示学生的自主性。

三、发展学生创新思维能力

体育课程标准把发展学生创新思维能力放在很重要的位置。心理学研究表明:如果抓住学生创新思维能力发展的关键阶段并对其展开训练,将达到事半功倍的效果,也能够为学生的终身学习打下坚实的基础。

创新思维能力不仅是提升社会实践技能的基石,还是挖掘个体潜能的必要条件,更是增强学生创新意识和提高学生创新能力的基本保障。因此,持续提升学生的创新思维能力,对于实现学生从知识到能力,从能力到素质的转变,具有极其重要的意义。

发展学生的创新思维能力要先开发教师的创造力。俗话说"名师出高徒",如果教师自身不具备创造力,那么学生的创造思维能力的发展就成了无源之水、无本之木。

首先,身为一名体育教师,需要更新自己的思维方式,准确把握素质教育的真正含义,并全面确立以学生为中心的教育理念,始终聚焦于发展学生的创新思维能力这一核心目标。其次,体育教师需要持续地进行总结和研究,以掌握各种现代教育和教学手段。他们需要探索和创新适应学生需求的教学模式,以提升学生的创新能力为起点,对评价的内容和方法进行改进,从而进一步激发学生的学习积极性,并促进他们创新思维能力的全面发展。再次,体育教师需要根据时代背景和学生未来技能的实际需求,对教材、教学场地和教学器材进行科学合理的挖掘、分配和组合,以营造一个有利于教学的课堂氛围;最后,体育教师需要持续地学习,不断地自我提升,积极地进行改革,并致力于培养自己的创新思维,以满足新世纪学校体育发展的各种需求。

第二节　大学篮球教学与训练实践研究

一、篮球教学原则

篮球的教育过程是教师引导学生进行实际篮球活动的一种独特的教育理解方式。篮球教学原则揭示了篮球教育的普遍规律和篮球运动教学的独特性,这些都是人们从多年的篮球教学经验中归纳和总结出来的。在篮球的教学过程中,教师致力于为学生提供全方位的素质教育,帮助他们更深入地掌握与篮球相关的知识和技巧。只有这样,学生才可能将篮球视为一种终身的体育锻炼和促进健康的方式。因此,篮球的教学原则应当始终被融入篮球的教学活动中。

(一)自觉积极性原则

自觉积极性原则是指在教学活动中,教师采用多种手段,以激发学生对篮球运动知识的主动学习意愿和热情,进而充分发挥学生的主观能动性和创造力。在教学过程中实施自觉积极性的原则,是由学生在教与学的双向互动中作为学习的中心这一特点所决定的。教师教学的目标是最大限度地激发学生学习的积极性,鼓励他们主动思考、勇敢探索和刻苦练习,使他们自觉地掌握篮球的理论知识和技巧、战术,从而提高他们的问题观察、分析和解决能力。

在篮球教学实践中,教师要运用设疑、联想、比较、形象等方法,启发学生积极思维,以提高学生的运动能力和思维能力。教师要根据教学任务和具体条件,严密组织整个教学流程,科学地安排各种技能的学习顺序,使学生充分理解每个技战术的要领、用途、运用时机和动作的变化等,提高学生学习的积极性,并且通过对技术动作的生物力学和运动学分析,使学生掌握正确的技术动作的概念和方法。

(二)直观性原则

直观性原则是一种在篮球教学过程中,通过利用学生的感官和现有经验,通过视觉、听觉和肌肉本体感觉等多种方式的感知,来丰富学生的感性认识,使学生能够获得生动的表象,从而更快地掌握所学的知识和技能,并培养学生的观察和思维能力的教学原则。在篮球的教学过程中,直观性的原则显得尤为关键。篮球的教学过程是学生了解和掌握运动技巧的过程,教师的正确讲解和示范可以帮助学生建立正确的动作表象,这对于学生形成正确的动力定型是非常重要的。在篮球的教学过程中,教师要经常采用如动作展示、沙盘演示、电影、录像和技战术图片等多种直观的教学方法。

在篮球的教学过程中,要想真正实施直观性的原则,首要任务就是确立清晰的目标和标准。教师需要根据教学目标、教材特性以及学生的具体情况,有针对性地采用直观的教学手段。例如,在为学生提供技术指导时,建议教师更多地采用动作示范和技术图像等手段,这样可以重新播放学生的动作视频,并与正确的动作进行对比,从而纠正学生的不正确动作。在对学生进行战术教学时,教师最好采用沙盘展示或者使用形象生动的语言来进行说明,也可采用各种直观的方式和工具来进行教学活动,通过使用挂图、图表、观看比赛、观看电影、播放幻灯片、录像等多种方式,可以让学生更好地理解动作的外在表现和展示动作的过程中时间与空间的相互关系,从而有效提升教学效果。富有生动性和形象性的语言能够产生直观的影响。这意味着教师在进行讲解、给出提示和提供指导时,必须具备启示性,并能够结合学生已经掌握的相关知识和技巧,使用生动且形象的文字,通过各种分析和比较的手段,帮助学生更迅速地掌握动作的核心和要领。

(三)时效性原则

在篮球的教学过程中,实施时效性原则意味着要基于学生的真实需求,紧密关注教学过程中的核心问题和矛盾,着重解决教学中的关键和难点问题,确保教学场地、设备、器材和气候等实际因素都与学生的年龄和身体发展水平相匹配。在提升教学艺术性的同时,教学方法应简洁实用,注重实际成效,并在有限的教学时间里,实现既能让学生掌握必要的知识和技能,同时又能让学生增强体质和提高能力。实施时效性原则意味着教师需要重视实际成果,而不仅仅是追求表面的效果。教师应该全面而准确地掌握教材的内容,深入分析技术和战术的内涵,理解事物的本质,抓住关键点,解决难点和重点问题,从而推动一般性问题的解决。例如,在移动技术的教学过程中,学生如果能够掌握身体重心的控制和转移以及保持身体在移动过程中的平衡这一关键技术,那么其他与移动相关的问题就可以轻松解决。在教授投篮技巧时,紧紧抓住投篮手法这一核心技巧,有助于促进投篮技能的进一步提升。

为了在教学过程中真正实施时效性原则,教师需要持续地探索和优化教学手段,需要对学生进行深入的调查和研究,以全面了解学生在思想状态、身体状况、技术和战术特性、个性特质以及家庭背景等多个方面的具体情况,这样才能制定出既符合统一标准又能进行差异化处理的有效措施。在教授技战术的过程中,教师需要深入讲解并多次实践。"精讲"的实施是基于对教材和学生实际情况的深入分析;而"多练"则需要设计出既符合篮球运动特性又能满足学生实际水平的练习方式,以便为学生提供更多的实践机会。

(四)循序渐进原则

循序渐进原则强调篮球教学的内容、方法和运动的安排必须遵循人的认知规律、动作技能的形成规律和人体生理机能活动的变化规律,真正实现从简单到复杂、从低级到高级、从单一到综合的发展,使学生能够循序渐进地掌握基本知识、基本技术战术和基本技能,形成严谨的逻辑思维体系。

为了实施循序渐进的教学原则,教师在规划教学内容和组织教学方法时,必须遵循从基础到高级、从简单到复杂、从已有知识到尚未了解的知识的逐步深化的教学策略。在此基础上,教师还需重视易与难、简与繁、浅与深的融合,对于易与难、简与繁、浅与深的理解,应根据学生的个性和实际情况进行全方位的思考。例如,在篮球这项运动中,移动技术构成了其技术根基。因此在进行基本技术的教学安排时,教师首先安排学生掌握进攻和移动的技巧，其次再学习防守和移动的方法。在这个基础上，还需要进一步学习如何运球、接球、投篮、持球突破、抢篮板球以及防守等基础技巧。学生只有全方位地掌握基础技巧，才有可能学习到战术的基本配合知识。

教师要注意教学方法的系统性，根据动作技能形成的规律，从认知定向阶段（泛化阶段）、巩固提高阶段（分化阶段）到熟练阶段（自动化阶段），都要依据动作技能形成的阶段性特点来组织教学。在技术学习的初级阶段，教师应该通过详细的讲解、实际示范和实践测试，帮助学生建立对动作的基本概念、视觉印象和初级的运动感觉。通过持续的练习，教师可以帮助学生巩固正确的技术动作，并进一步提高练习的难度，确保学生能够熟练掌握并在实际操作中应用这些动作。因此，在教学过程中，教师必须重视各个教学阶段的独特性，并根据每个阶段选择合适的教学策略。

在篮球的教学过程中，教师应当遵循循序渐进的原则，并确保运动负荷得到合理的分配。在运动时，疲劳是不可避免的现象。而在技术的教育和培训过程中，疲劳发挥了正面的作用，如果没有疲劳，就不会有超出正常范围的恢复。因此，运动的负荷需要按照一定的节奏从小到大进行合理的配置。随着学生对运动技巧和技术的持续掌握，教师可以逐渐提高学生运动的强度和所需的负荷。然而，过度的疲劳同样无法实现促进身体健康、提升身体素质和提高技术能力的目标。因此，在篮球教学过程中，根据学生的身体健康、课程内容、比赛场地和气候等多个因素来合理规划运动负荷是一个必须重视的环节。

虽然上面提到的四种教学原则在某种程度上是独立的，但它们并不是孤立的，而是形成了一个相互关联的有机体系。因此，只有当我们全方位、综合地应用各种教学原则，并充分发挥这些原则的综合作用时，才能有效地解决教学过程中遇到的各种问题，并为教学实践提供更好的指导。

二、篮球运动教学方法

教学方法代表了教师为了实现教学目标而采纳的具体策略，它是教师指导学生掌握知识和技能、实现身心健康成长的集体活动方式,同时也是教学原则的实际应用和体现,它在整个教学过程中占据了关键的位置。选择合适的教学方法对于教学活动的成功与否有着直接的影响。

(一)常用的教学方法

在篮球运动教学中,常用的教学方法有以下三种。

1. 讲解示范法

讲解示范是篮球技战术教学中的重要环节。讲解的内容包括技术动作的名称、概念、作用、技术结构、技术要领等。讲解要简要、生动、形象化。讲解要突出重点,既要注意技术原理的分析,又要启发学生的思维,语言要生动形象,使学生易懂、易记;然后作出正确的示范,示范是为了让学生建立正确的技术动作表象。

示范时既要注意动作的规范性,又要使学生都能清楚地看到示范的全过程;对于复杂的技术动作和战术配合,则要反复讲解示范,并启发学生积极思考,更快领会动作的要点。

2. 完整与分解相结合的教学法

在篮球教学中,教师应该根据各个阶段、各种条件和不同的目标群体,选择完整或分解的教学方法,但同时也要确保这两种教学方法能够有效结合。在大多数情况下,当学生开始学习新的动作时,教师会采用全面的教学方法,确保动作的连贯性和完整性,帮助学生建立一个完整的概念。当学生开始学习复杂的动作和战术配合时,会采用完整分解的方法。例如,运球急停跳投技术可以进一步细分为运球、运球急停和原地跳投的练习,并在此基础上进行全面的教学。在进行战术教学时,教师首先要为学生提供完整的讲解和示范,帮助他们明确战术布局、移动路径、合作的最佳时机和方法;其次再进行详细的分解教学和实践,确保学生能够逐渐掌握整体的战术配合技巧。

3. 指导纠错法

识别出错误是纠正这些错误的基础。这意味着教师需要具备对错误进行观察和判断的能力,这种能力源于教师对篮球技术和战术的深入研究、多学科的理论积累、长期教学经验的总结以及对教学工作的敬业精神。这意味着在教学过程中,教师需要密切观察学生的不当行为,及时识别错误并分析错误产生的根本原因,并寻求有效的纠正措施。在进行纠正的过程中,教师应该根据实际情况,明确主要的矛盾,并采纳有效的策略来及时进行纠正。为了帮助学生更快地掌握正确的动作并形成正确的动力模式,教师可以简化练习的条件和形式,进一步为学生分析动作或者进行辅助性的慢动作练习。

(二)现代教学方法

随着我国教育改革的逐步深化,在篮球教学过程中,新的篮球教学理论与方法也不断涌现。在篮球教学过程中,更加重视和强调学生在学习中的主观能动作用,逐步形成以"教师为主导、学生为主体、发展为重心、自我锻炼为主线"的教学观,努力培养学生独立思考、自我锻炼的能力和习惯,在教学方法上也产生了"发现教学法""掌握学习法""程序教学法"等现代教学方法。

1. 发现教学法

在篮球运动的教学过程中,发现教学法指的是学生在教师的引导下,置身于教师设计的学习环境中,通过积极的观察、分析、体验和总结等多种学习活动,独立地识别和解决问题。在教师的引导下,学生通过有组织的练习来掌握运动技能,并培养出良好的发现学习的习惯,从而使他们的知识、技能和能力得到全面的发展。这一教学方法的独特之处在于,它可以使学生在教学过程中保持相对的主体性,通过观察和体验来发掘和掌握新的知识和技能。

2. 掌握学习法

掌握学习法是以"人人都能学习"这一信念为基础,以"基本能力和能力倾向各有差异的学生组成的学习集体"为前提,以"传统的集体教学方式"为核心的,通过有序的个别化教学活动,使绝大部分学生达到既定的教育目标。掌握学习法的实质是群体教学,并辅之以每位学生所需的反馈和个别化的矫正与帮助。

3.程序教学法

程序教学法是一种自动化的教学活动体系,它将教材划分为多个连续的小模块,并严格依照逻辑结构进行编程。在程序化的教学过程中,学生的自主学习是在教师为他们设计的特定程序内完成的,而教师执行"导"的核心策略是指为学生制定与其学习需求相匹配的教材,即练习程序。通过应用程序教学法,学生的学习积极性和主动性得到了显著提升,该方法成功地将学生的主观能动性与具体的教学理念进行了有机融合。程序教学法是在反馈和加强控制的影响下进行的,它具有适应性等特性。

(三)分层升降教学

分层升降教学就是在教学中,遵循因材施教原则。基于对教材知识结构以及学生的心理和生理发展的深入分析,教师根据学生的具体需求,将他们划分为不同的学习层次。在学生学习的过程中,教师会对他们所学的内容进行评估,对于那些技术动作进步较快的学生,教师会将其提升到更高的层次继续学习;而对于那些技术动作掌握不足的学生,教师会将其降低到更低的层次继续学习。这种教学方法是为了更好地实现教学目标。分层升降教学模式为教师提供了一个与同等水平的学生共同学习的平台,这不仅体现了因材施教的教学原则,还极大地激发了每一名学生的学习热情,从而让所有学生都有更多的成长机会。分层升降教学的优势有四种:①分层升降教学体现"因材施教"的教学思想,具有较好的教学效果;②分层升降教学使学生掌握全面的篮球技术,提高他们的专业水平;③分层升降教学有利于培养学生学习兴趣,激发他们的学习动机;④分层升降教学有利于促进学生快速发展,提高他们的交际能力和社会适应能力。

(四)激发学生学习篮球兴趣的方法

众所周知,兴趣是人内心的一种心理现象。兴趣是人行动的动力,因此,教师只有将培养学生的兴趣与提高他们的认知能力紧密地结合在一起时,才可能获得优秀的教学成果。无论是篮球教学还是其他的教学活动,都应该从激发和培养学生兴趣的角度出发,以增强学生对篮球学习活动的热情和参与度。

第一，通过生动和形象的方式激发学生的兴趣。在教学过程中，教师在解释动作的时候，应当强调关键点并广泛应用相关知识，同时努力用精确而简洁的文字和适当的比喻将某些抽象的观念具体化、生动化和形象化。例如，在我国，某篮球运动员在海外努力奋斗的过程中，他们为自己和祖国赢得了荣誉，这激发了学生的学习热情，并激发他们为国家赢得荣誉的欲望。在篮球的教学过程中，大部分体育教材都融入了丰富的日常生活元素，这为体育教学提供了一个既丰富又形象的语言支撑。

第二，通过篮球游戏来激发学生的兴趣。篮球这项运动最初是以游戏为基础发展起来的，它不仅具备游戏的特性和功能，还赢得了越来越多大学生的喜爱。在篮球的教育过程中，大学生对他们感兴趣的部分能够保持更长时间的专注，并在学习过程中展现出积极和主动的态度。尽管面对各种挑战，他们仍然会努力寻找方法去克服，并在此过程中感到心情愉悦。

第三，通过美学来激发学生的兴趣。在篮球的教育过程中，激发学生对美的追求和欣赏是激发他们兴趣的关键途径。在众多的篮球赛事中，美的存在是无所不在的，而当代大学生非常擅长模仿，因此篮球运动员展现出的卓越技能，经常成为大学生竞相模仿的焦点。为了激发学生对"我想学好篮球"的强烈愿望，教师应该在推广篮球美感方面投入更多的努力。这样不仅能让大学生有更多的积极和主动的心理准备，还能不断激起他们的好奇心，使他们产生想要尝试的冲动。

第四，通过比赛激发学生的兴趣。运用篮球比赛作为教学手段也是一种有效激发学生对篮球运动兴趣的关键途径。大学生通常具有竞争心态和喜欢展示自己的心理特质，一旦掌握了篮球的基础技巧，他们都希望在比赛中有展示自己的机会。篮球比赛不仅能极大地激发学生对篮球基础技能的学习热情，同时也在激发大学生的学习兴趣和活跃课堂氛围方面起到了极为关键的作用。组织这样的比赛不仅满足了学生的心理需求，还持续地评估了他们的学习效果，并进一步稳固了教学成果。

三、现代大学篮球训练研究

篮球运动的训练理论旨在培养运动员的竞技水平,并提高他们在特定运动中的表现,它研究了运动训练过程中的各种规律、基本原则和具体方法。篮球运动训练是指在教练的引导和运动员的参与下,旨在持续提升和维持运动员技术能力的专业教育流程。该项目的核心目标是通过持续提升运动员的综合素质和技术能力,以促进运动员身体形态和机能的和谐发展,并促使他们在比赛中取得出色的成绩。尽管篮球训练有许多不同的内容和组织方式,但其组织和实施都必须紧密围绕篮球运动的基本规律和特性来进行。并且,随着现代篮球运动的飞速发展,这些都正在经历深远的变革,需要我们在实际操作中持续地进行探索和发展。

(一)篮球训练任务

篮球运动训练是指在教练的组织下,在运动员的积极参与下,掌握和不断完善专业动作技能,提高在比赛中运用能力和发挥才能的教育过程。篮球训练的主要任务如下:

第一,教师要鼓励学员深入学习篮球运动的核心知识,提高他们的基本技巧和战术基础,并通过持续的训练和实际比赛来提高他们应用技术和战术的能力。

第二,教师要充分利用教育的潜能,对体育学生进行深入的思想和政治教育,以培养他们高尚的道德观念、出色的体育行为和坚韧不拔的意志。

第三,教师要培养篮球运动员参与比赛时的积极心态。

第四,将在技术训练中已经掌握的技术动作的灵活组合运用转化为"比赛技术",这样可以使技术满足比赛的要求,培养运动员合理运用技术的意识和掌握技术运用的时机,提高技术运用效率,逐渐形成技术特长。

篮球的训练目标能得以实现,要归功于教师和学生的共同努力。只有在整个训练过程中全方位地实施和执行训练任务,才能真正达到训练的预期效果。然而,对于不同级别的运动员来说,由于他们负责的具体任务各异,并且个体之间存在很大的差异,因此在执行上述任务时,应该有不同的重点和侧重点。在训练的过程中,教师要充分激发学生的训练热情;从基础训练到有难度的训练,都要制订并执行训练方案,始终遵循训练的科学性、计划性和系统性的原则,并持续优化训练手段,以确保训练的质量。

(二)篮球训练内容

为了达到篮球运动训练的目的,完成篮球运动训练的任务,在整个篮球运动训练过程中应包含多方面的训练内容,主要有以下五个方面。

1. 身体素质训练

在篮球运动中,技术和战术的掌握与应用都是建立在身体素质之上的。因此,身体素质的好坏会直接决定技术和战术的表现,而身体素质的训练则是确保和提升运动表现的关键。身体素质训练的核心目标是培养运动员在力量、耐力、速度、灵敏性等方面的综合素质,以增强他们的协调性。在大多数情况下,针对不同水平和层次的运动员进行有针对性的身体素质训练是非常关键的一部分。

(1)力量训练。力量不仅是身体各方面素质的根基,同时也是篮球运动中极为关键的一项身体素质。在力量训练中,教练应该重视培养运动员肩部、腿部、踝部、腕部和手指的迅速力量反应,以及由运动产生的爆发力。在训练过程中,教练应当重视增强运动员神经系统在兴奋与抑制之间快速切换的适应性,以及提高肌肉快速收缩和放松的能力。在训练过程中,教练不仅要关注运动员练习的频率、负重、组数和时间间隔,还需要特别关注运动员肌肉的松弛状态,以增强肌肉的弹性,进而更有效地提升肌肉力量。

(2)耐力训练。篮球这项运动的独特性要求运动员必须拥有出色的速度和耐力,以应对比赛中的激烈竞争。篮球运动员若想在赛场上始终保持高速奔跑,必须重视耐力的培养,增强对疲劳的抵抗力,这样才能确保有足够的体能来完成比赛。在进行耐力训练时,除了常规的耐力训练外,还需要增加速度耐力和呼吸节奏的训练,该训练与动作节奏的训练相协调,可以被视为一种缓解疲劳的恢复策略,这使得大脑皮层的兴奋和抑制能够有规律地交替进行,从而促进呼吸系统和心血管系统的功能发展,为其他身体素质的提升提供了必要的基础。

(3)速度训练。考虑到篮球运动的独特性质和未来发展方向,速度不仅是一项关键素质,还是我国篮球事业需要解决的核心问题之一。速度训练涵盖了移动速度、反应速度以及动作速度这三个主要方面。速度的展现水平与人体中枢神经系统的反应能力有关,因此,在进行速度训练时,必须确保与身体素质的全方位发展保持同步,特别是在突然启动速度和进行短距离冲刺训练时要给予足够的重视。

(4)灵敏性训练。人的灵敏性素质反映了其综合的身体能力。在篮球赛事中,为了确保动作的迅速性、熟练度和准确性,并在不断变化的环境中,能够迅速而巧妙地执行相应的动作和技术调整,拥有出色的灵敏性是不可或缺的。一个人的灵敏性是由其大脑皮层神经系统的灵活性,身体的反应速度、爆发力以及其他相关素质的进步和运动技能的掌握程度所决定的。通过高灵敏性的训练,可以让运动员在面对各种复杂的变化条件时,能够迅速且准确地作出协调一致的动作。

2.思想政治教育、文化教育和技能教育

篮球运动员的教育主要有三个方面:①思想政治教育,即培养良好的比赛作风;②文化教育,即提高知识和智力水平;③技能教育,即提高专项理论知识和竞技能力。这些教育直接关系到一个球队的发展方向,也直接关系到每个运动员的人格养成和训练任务的顺利完成。因此,教练应要求运动员在训练中树立不怕苦、不怕累、不怕困难,勇于挑战困难、战胜困难的信心和决心,练出过硬的本领;同时对运动员的教育必须渗透到训练实践中去,贯穿于训练过程的始终。

3.技术训练

技术训练涵盖了基础技能和常见的基础技术训练。基础技能涵盖了手的动作、步伐、腰部和臀部的动作、观察力以及篮球的意识等方面。篮球的基础技术训练主要涵盖了如移动、传递、接球、运球和投篮等关键技术动作。为了经济有效地展现运动能力并获得高水平的运动表现,掌握恰当的技术动作显得尤为关键。在篮球这一运动项目里,动作的技巧多种多样,难度相对较高,对协调性的要求也更为严格,因此对运动员的技术训练占据了相当大的比重。篮球运动员对技术的精准掌握程度和熟练程度,以及他们在比赛中对技术的应用,都会对他们的运动表现产生显著的影响。因此,无论在篮球训练的哪个阶段或时期,篮球的技术训练都是至关重要的核心部分。

4. 心理训练

心理训练旨在培养运动员出色的心理特质。篮球运动中的心理训练是一个持续的过程,它根据篮球运动的固有规律和特性,有针对性和计划性地对运动员的心理过程和心理特点进行影响。这也是一种通过特定的方法和手段,使篮球运动员能够调整和控制自己的心理状态,从而进一步调整和控制自己的运动行为的过程。

在篮球这项运动的心理培养过程中,专业的心理训练不仅是一个关键环节,也是高水平运动员在现代训练中的核心内容。篮球运动员的专项心理训练是一个心理过程,它根据篮球运动的特性和比赛的需求,对运动员施加影响,使他们能够在比赛非常紧张的情况下保持良好的情绪状态以及具有自我心理调节的能力,从而更好地发挥运动能力。在心理训练方面,主要采用的方法包括模拟情境的训练、自我暗示的训练、集中注意力的训练以及放松身心的训练。在组织心理训练的过程中,教师需要依据整个团队的具体状况和需求,选取合适且与实际情况相符的训练方法。

5. 战术训练

在篮球这一运动项目里,战术训练的重要性不言而喻,它需要从培养战术意识开始,并在具体的战术训练方法中得以实施。首先,在形成个人战术意识的基础上,战术训练需要建立一套适应本队的攻防战术体系,并逐步将其融入战术训练的各个环节。其次,除了要掌握基础的攻防战术配合外,还需要特别强调人盯人防守和快攻这两种全队战术的训练。这要求在快速进攻中追求准确性,在激烈进攻中追求灵活性,在稳定的基础上寻求变化,逐渐构建出一个与本队实际情况相符且具有独特性的攻防战术体系。最后,战术训练需要与身体、技能、心理和智力等多方面的训练紧密结合,并通过实际操作逐渐提升战术应用的质量,因为在实力相当的比赛中,胜负很大程度上依赖战术的选择和应用。在比赛及赛前的特定准备时期,对战术的训练显得尤为关键。

(三)篮球训练基本方法

1. 重复训练法

重复训练法是指这种练习方法在运动训练中是经常采用的,因为无论哪种技战术动作的掌握都必须经过反复的练习,才能运用自如。重复训练法是指在相对固定的条件下,教练员为有效地巩固提高运动员的机体机能和技战术动作质量,按照一定的要求反复进行同一动作的一种练习方法。重复训练法主要由四个因素构成:①重复训练的次数和组数;②每次练习的强度;③每组重复练习的距离和时间;④每次(比赛)练习之间的间歇时间。在做每一个或每一项具体练习时不宜对四个基本因素同时提出要求。

2. 比赛训练法

比赛训练法是一种通过竞赛形式来实施训练的方法。这一训练方式是在与比赛接近的环境中,运动员运用所掌握的技术和战术动作,以增强自身的篮球意识和提升自身的综合素质。运动员的技战术动作训练是通过实际比赛经验来展现的,任何技战术动作的练习效果都需要通过实际比赛来进行验证。通过参与比赛来积累经验,不仅是篮球运动训练中不可或缺的环节,还是促进运动员快速成长的关键环节。

3. 间歇训练法

间歇训练法是指在一次(组)练习之后,严格控制间歇时间,在机体未完全恢复的情况下,就进行下一次练习的训练方法。间歇训练法在结构上与重复训练法有许多相似之处,它们都是在经历了一段特定时间的间歇后,再进行下一轮的练习。他们的不同之处在于间歇训练法对于每一次重复练习的间隔时间有明确的规定,必须在运动员身体还未完全恢复时就开始下一轮的训练;重复训练法则规定,只有在一定的间歇时间内,当运动员机体达到基本恢复状态时,才能开始下一轮的练习,这一点是区分两种不同训练方法的关键。在进行间歇训练时,每一次的重复练习距离或负重可能会有所调整,但调整的幅度不应过大。相对来说,重复训练法所需的距离或负重是相对固定的。

间歇训练法的主要组成元素包括五个方面:①每一次练习所需的时间以及所需的距离;②每一轮练习所需的压力和强度;③每一次的重复次数与其组的数量;④每一轮(组数)的练习都有一个固定的休息时段;⑤休息时的休息方法。基于这五个要素,我们可以构建各种不同的间歇性训练计划。

四、篮球运动训练理论

篮球运动训练理论旨在培养运动员的竞技水平和提高他们在特定运动中的表现。篮球运动训练理论研究了训练过程中的规律、相关的原则和方法,并以这些理论为基础来指导实际的训练活动。篮球运动技能训练理论研究的核心内容可以总结为"应该练习什么、如何进行练习、练习多少"。训练内容是基于篮球运动员的竞技水平和他们的运动表现来决定的;"怎么练"指的是根据已确定的训练内容,利用跨学科的知识和实际训练条件,挑选最适合运动员特性的高效方法和策略,并合理地规划各个训练内容的比例和流程;练习的数量是决定训练中运动负荷的关键因素,这包括确定负荷的方向、数量、节奏、负荷量与强度的最佳匹配、确定最大负荷以及负荷的恢复策略等。

篮球是一项需要在同一场地进行的竞技活动,因此,队伍的竞技表现和教练的现场指挥能力是影响比赛成绩的关键因素。而双方的竞技水平、比赛的方法、比赛的环境、比赛的持续时间以及裁判的行为等都是决定比赛结果的客观条件。在常规的训练活动中,我们需要重视运动员和整个团队在技术、战术、体能和心理上的全方位培训,这样可以更好地激发他们的积极性。训练应当是有条理的,根据不同的训练周期来调整合适的运动强度,并确保训练结束后能够迅速恢复。

(一)周期训练理论

周期性被视为运动训练中的核心原则之一,其核心思想是系统地重复每一个完整的训练模块。周期性原则涵盖了训练课程、短期周期、中期周期以及长期周期。当基于一个周期来组织训练时,我们可以将训练的任务、策略和工具进行系统化,并确保它们之间的连续性。

周期性训练的理念为制订训练方案和计划提供了坚实的基石。周期训练理论的诞生是基于人们对于运动训练模式的深入了解,它基于训练的适应性、竞技表现、发展趋势以及疲劳和恢复的原则。周期性的运动训练采用了一种循环往复的方式进行,但每一个循环往复都不是简单地重复,而是在前一个循环的基础上不断地提高训练要求,从而使运动员的竞技能力和水平不断得到提升。

(二)训练调控理论

1. 超量恢复原理

超量恢复是指在运动结束后的恢复阶段,消耗的能量不仅能够回归到原先的状态,而且在一段时间里还可能超出这一状态。超能量恢复原理在训练和调控方面具有深远的理论和实践价值。在体育训练领域,该原理已被广泛应用。例如,在间歇训练中,休息时间的掌握就是根据恢复的基本原理和规律来选择适当的反应时间,这样可以在间歇休息期间为身体提供足够的物质补给,既能确保刺激的强度,又能为后续的运动活动提供必要的物质支持。

2. 运动负荷训练原理

运动恢复是指运动训练中运动生对有机体承受运动刺激并由此产生的机体内部生理效应和心理效应的一系列变化的应答过程。运动负荷具有以下六个共同特征。

第一,运动负荷的目标和内容的选择是指每一种负荷结构都具有其特定的目标和功能属性,需要根据训练的具体任务和目标来进行选择。

第二,运动负荷的综合调控是指一个单一的总负荷可以由多种不同的量和强度组合构成。

第三,运动负荷的个体差异是指由于运动参与者在生理功能、个人素质、技术水平和战术需求方面存在差异,因此他们所能承受的负荷能力也会有所不同,这就要求他们在安排运动负荷时必须具备明确的个性特点。

第四,负荷量度的量化和分级有两种不同的表示方式:一种是通过大、中、小等定性指标来描述,而另一种则是通过具体的定量指标来表达。在培训过程中,为了更精确和科学地调整负荷,人们越来越倾向于对各种负荷量进行量化处理。

第五,从负荷的可控性和运动负荷的量化特性来看,运动负荷的可控性在训练计划中是至关重要的。因此,我们必须明确每个训练过程的监控标准和训练水平的评估标准,并据此建立相应的负荷监测机制。

第六,负荷的变化特性。运动的负荷是一个不断变化的过程,这与训练的连续性有着直接的联系。运动负荷展现的动态属性包括:负荷的连续性和系统性、负荷的节奏性和负荷的周期性。

3. 恢复性原理

尽管身体机能在恢复阶段的各个环节基本保持一致,但在恢复时间方面却呈现出显著的异时性特征,这种异时性对于运动训练的有效安排和调控起着至关重要的作用。基于恢复过程的固有规律,在实际的运动训练中,我们可以观察到两种独特的恢复方式。一种是完全恢复,即在负荷增加后,当人体的机能恢复到或超过原来的水平时,再进行下一轮的训练。完整的恢复被应用的训练:最大力量的训练;集中协调与集中注意力的训练;关于反应与速度的训练;进行技术性的训练;进行竞赛的训练。另一种是身体机能在负荷后大部分已经恢复,但还没有达到原来的状态时,就进行下一轮的训练。不完全恢复可以应用的训练:速度耐力训练、力量耐力训练、专项耐力训练和意志力训练。

4. 应激性原理

应激是指人体对外界强烈的压力刺激(涵盖生理和心理方面的刺激)

所产生的综合生理和心理反应。当遭受不正常的刺激时,身体会产生一种紧张的心理反应,这种状态被称为应激。

在篮球运动训练中应用应激学说,一方面为了预防身体机能逐渐衰退和避免过度训练,另一方面是要研究如何在运动负荷后的恢复期内调整酶活性和细胞通透性,以便更有效地调整恢复过程,从而增强合成代谢和加速适应能力。因此,在进行运动训练时,我们不仅需要了解应激过程中肾上腺皮质系统的行为,还需要加强垂体性腺系统在合成代谢过程中的功能。

第三节　大学羽毛球教学与训练实践研究

一、大学羽毛球运动教学与训练的目的

(一)大学羽毛球运动教学的目的

1. 羽毛球运动的教学目的

第一,通过羽毛球选项课的教学和专项身体素质的练习,促进学生的身体素质和身体机能的全面发展,加强自我锻炼的意识,从而实现锻炼身体,终身受益的目标。

第二,让学生深入理解羽毛球的核心理念、关键技巧和战术,熟悉羽毛球比赛的规则与裁判方式,确保他们能在实际操作中应用这些知识。

第三,培育学生对祖国的深厚情感、对集体的热情、团队合作精神以及"一拍在手,信心全有"的坚韧和勇气。

2. 羽毛球运动理论与实践教学的目的

羽毛球运动的理论与实践教学旨在全面系统地介绍羽毛球运动的历史发展、基础概念、关键技术、战术应用、体能水平、心理素质、比赛规则、裁判程序以及运动常识;引导学生准确把握羽毛球运动的内在规律,并协助他们逐渐熟练掌握羽毛球运动的核心技巧和战术方法;激发学生对于

羽毛球运动的热情与积极性;培养专业的技术人员,为羽毛球运动做推广和普及。

第一,体育活动所传递和弘扬的奥林匹克精神、原则和体育道德,例如竞争、合作、团结、谦逊、诚实、公正、友谊,是社会不可或缺的规范和品质,具有深远的教育意义。

第二,利用羽毛球这一独特的运动方式,我们培养大学生各方面的能力,培养大学生面对困难时勇往直前、坚韧不拔、敢于创新和实践的现代竞争观念。

第三,考虑到羽毛球运动的独特性质,我们需要深入了解羽毛球运动的起源、发展历程和其背后的文化背景,系统地掌握这项运动的特性和结构,了解其教学和训练的基本原则、技术和策略,以及羽毛球比赛的组织、规则和裁判方法等核心理论知识。

第四,该系统详细阐述了羽毛球的核心技术和战术策略,强调了基础技术和战术的基本观念与关键点,确保了正确的体态,纠正了不恰当或错误的动作,并形成了完善的技术和战术标准,旨在培养和增强技术和战术的意识以及应对突发情况的能力,以满足羽毛球运动的实际需求。

第五,为了满足学习和工作的需求,我们需要促进身体机能的全方位发展,提升内脏器官的功能,并加强体质。在已有的基础之上,我们致力于培养羽毛球运动所需的专业素质和技能,为技术层面的进步奠定稳固的基石,并为羽毛球比赛中的激烈竞争打下坚实的基础。

第六,要深入了解运动的心理和生理方面的知识,掌握科学的锻炼方法,增强自我管理的能力。在教育过程中,我们致力于培养学生的创新思维和组织协调能力。

(二)大学羽毛球运动训练的目的

1.提高对技术、战术挑拨的熟练度

"熟能生巧"是指通过组织大学羽毛球运动的训练,使运动者得到羽毛球技术、战术训练的机会,从而熟练挑拨技术、战术,为比赛中技术、战术的熟练运用奠定基础。

2.增强参赛运动生的自信心

羽毛球运动参与者的心理与其教学训练之间是一种双向的关系,即参与者的心理发展水平和羽毛球运动教学训练的心理促进功能紧密关联,相互依赖,相互作用,构成了教学训练的重要心理学基础。[①]

二、大学羽毛球运动教学与训练的方法

(一)大学羽毛球运动教学与训练方法概述

1.教学与训练方法的基本特点

(1)高度重视培养学生的主观能动性。学生的主体性是指在教育活动中学生作为一个主体,在与客体的关系中所占据的位置、所具备的能力、所起到的作用以及其性质,而这一主体性的核心在于学生的学习积极性和他们的自由个性。我们应该鼓励学生站在主动学习的角度,确保教学过程变成一个鼓励学生主动学习和发展的环境,并在学习过程中注重体验和实现学生的自由个性。

(2)高度重视在教学和训练过程中对中学生的知、情、智力进行整合和统一。传统的教育方法往往将人的智慧与情感分离并对立,过分强调智慧的价值,这导致了对知识的过度强调和对智力成长的过度关注。现代的教育和培训方法旨在超越纯粹的理性主义,将智慧与情感融为一体。在本质上,认知与情感是紧密相连的,同样,情感也是认知的一部分,而智力则是认知智力与情感智力的融合。

(3)重视学习方法研究。传统方法把学习方法的实质看作是教法,突出了教学法中的"教"的一面,所以讲授法成为课堂教学中占支配地位的方法。

(4)高度重视现代教育技术的实际运用。现代的教育技术以计算机为中心,融合了多媒体和网络技术,使得教学方法变得技术化、多媒体化和网络化,这已经成为全球范围内的一个基本发展趋势。多媒体教学和

---

① 张家军.高校羽毛球技术教学与训练探索[J].当代体育科技,2020(26):79-81.

网络教学不仅是教学方法的新观念,也是教学方法的新形态,在教学理论研究和实践发展两个方面都取得了前所未有的新进展。

(5)强调对教学和训练手段进行模式化处理。从深层次来看,教学与训练方法代表了人们对教学过程中的特定看法、意图和实践。在多元文化环境中,教学方法正逐渐走向模式化,涌现出各种具有教学方法论特点的新模式。每一种教学模式都是由主题、目标(或手段)、程序和评价等多个部分组成的,这使得教学方法包括了具有一致性的新心理学理论、新的教学价值观、新的教学内容观和新的教学方法观,为操作性教学方法的创新和发展奠定了坚实的基础。

2. 选择教学与训练方法的依据

(1)教学与训练的目的和任务

不同的教学训练目的与任务需要不同的方法。体育教学训练方法的选择必须从教学的目的和任务出发,在考虑新授课、复习课、综合课、考核课、室内课,还是室外课的前提下,采用相应的教学方法。

(2)内容的独特性

体育教学的内容直接影响教学方法的选择,因此在选择教学方法时,必须综合考虑教学内容、性质、特性、难易程度以及前后关系等多个因素。体育教师在选择体育教学方法时,应对教材的深入分析,并结合教材的特性和具体内容的独特性,进行灵活且富有创意的选择。

(3)学生的具体状况

运用教学和训练手段的核心目的是促进学生在体育方面的学习,而非仅仅是教师个人的"展示"。因此,在选择教学和训练方法时,必须综合考虑学生的身体素质、运动能力、体育基础知识的掌握程度、知识储备、运动技能水平、年龄特征、个性差异和心理状态。除此之外,我们还需考虑学生的学习态度、班级中的学习纪律以及整体的学习氛围。

(4)教师自身的能力和独特性质

只有当教学训练方法与教师的个人条件和特性紧密相连时,它才能达到最优的教学效果。尽管某些教学训练方法得当,但由于实施这些方法的教师缺乏必要的专业素养,仍然无法达到预期的教学效果。因此,教师的个人条件和特长是选择教学训练方法时的重要参考因素。

(5)教学训练方法的功能、适用的范围以及使用的条件

没有任何一种教学训练方法能够解决所有问题,每种方法都有其特定的功能、适用的范围和使用的条件,每种方法都有其独特的优势和劣势。在选择羽毛球的教学和训练方式时,我们必须深入探讨教学方法的作用、适用场景和具体条件,并努力选择既节省时间又高效的策略,以实现最佳的教学成果。

(二)羽毛球运动教学的常用方法

1. 语言法

语言法是一种由教师用生动形象的语言引导学生理解和掌握学习材料,以及进行实践练习的教学方法。在羽毛球的教学过程中,最普遍和最关键的教学方法是讲解法。这种方法允许教师通过语言来描述羽毛球的技术动作,并与演示和示范相结合。这种方式可以帮助学生建立正确的羽毛球技术动作观念,掌握动作的关键技巧,并为他们提供预防错误动作的建议,同时也能给出技术改进的指导和建议。在常用的语言表达方式中,主要包括讲解、口令与提示、口头评价以及自我暗示等多种方法。

讲解法是羽毛球教学中最常用的教学方法之一。讲解法是帮助学生了解教学的目的、任务、练习的要求和方法,对学生进行思想教育、基本理论和基本技术教学的主要手段之一。讲解法的要求:①讲解要有明确的目的,要讲明它的作用和练习方法,使学生做到心中有数,有目的地去进行学习;②讲解要简明扼要,通俗易懂,尽量做到语言生动有趣,反对那种主次不分、平铺直叙、不求实效的讲解;③讲解内容要正确,符合学生水平,切忌在讲解时脱离实际;④讲解要深入浅出,富有启发性,用生动有趣的语言引起学生积极的思考,使看、听、想、练有机结合起来,用各种行之有效的方式启发学生积极思考,深入理解动作要领及技术动作的结构。

口令提示法是教师在羽毛球教学过程中正确运用口令和提示,从而提高教学效果,主要反映在两个方面。①使学生集中注意力。教师发出

清晰洪亮的口令,必然能使学生集中其注意力。清晰而有节奏的口令,能唤起学生的节奏感,使其随着强弱变化的口令,张弛有序地进行练习。②提示与纠错。提示口令常在羽毛球的练习过程中运用,能起到提示与纠正错误的作用。如在击高远球的教学中,及时地对击球动作有问题的学生给予提示,要比停下来讲解效果更好。

在教学过程中,教师通过简单的口头评价,通常可以有效激励学生的士气,增强他们的自信,并提升他们对学习的兴趣。在教学活动中,学生在掌握某些动作时常常显得不够熟练,导致他们感到迷茫和焦躁。但当教师对这些动作给予某种程度的认可时,他们就能有效地缓解这种短暂的情绪低落。同时,我们也需要明确指出动作中的不足,这样学生会更容易接受。

自我暗示法是一种在学习和练习动作过程中培养学生养成"自我暗示"习惯的方法。自我暗示法对学生掌握技术要点和纠正错误的动作是非常有效的。

2. 完整教学法

羽毛球教学中,完整教学法的特点是以完整的技术形式教学。其优点是有助于保证技术的完整性、连贯性和节奏性,不致破坏动作结构和割裂动作与动作之间的内在联系。一般技术较简单的项目常采用这种方法。在羽毛球教学中采用这一方法时应注意三点。①羽毛球教学中的完整教学法,并不意味着一开始就要求学生掌握完整的技术动作,而是在完整的训练过程中,有不同的教学重点的要求。②在运用完整教学法时,不应该一开始就要求学生很准确,也不能提出过高的要求。一般地说,先要求学生掌握动作的用力顺序、基本结构和动作节奏,而后再进一步要求动作的完成质量。③在运用完整教学法进行技术教学时,一般是先降低练习的条件或简化动作,在学生掌握了正确动作概念结构和节奏后,再逐渐提高练习的条件,最后达到掌握技术的目的。

3. 分解教学法

分解教学法是把完整的技术分解为几个部分,使动作简化并易于掌握。通过逐步掌握技术的多个部分后,将它连贯起来,掌握完整技术。这一教法的优点是可将复杂的技术简单化,使学生容易接受。技术动作复杂的项目,一般可采用这种方法。羽毛球教学中采用这一方法时应注意三点:①技术部分的划分要正确,要考虑到每一动作的前因后果及衔接关系,否则会破坏技术的完整性和动作节奏;②分解教学的时间不宜过长。应根据学生技术掌握的情况尽快进行技术的完整教学;③分解教学法应与完整教学法配合运用,不应把两种教学法孤立起来,而是分解之中有完整,完整之中有分解,这样才能使学生尽快地掌握技术。

4. 直观教学法

直观法教学是一种在教学活动中,通过视觉、听觉和肌肉本体感觉等多种感觉器官进行动作感知的普遍教学手段。直观教学方法可以帮助学生更好地理解动作的形象、结构、关键点、完成动作的方法以及时间和空间的相互关系。

在羽毛球的教育过程中,如动作、战术、比赛的示范以及纠正动作失误和提供帮助,直观教学法都是经常被采用的教学策略。

5. 指标完成法

指标完成法是指学生根据教师的要求,以时间为界限或以一定次数为界限来完成教师要求指标的教学方法。通过指标法可以及时得到定量的反馈,刺激性强,有利于调动学生练习的积极性。具体做法:①双方共同完成指标法,需要双方共同来完成的指标练习,如两人网前对搓球练习;②单方完成指标法,要求一方完成规定指标的练习,如一方发网球200个。

6. 快乐教学法

(1)确保主要以学习为核心。大学羽毛球教育旨在培养学生健康的身体,让他们掌握羽毛球相关的运动知识,并让他们深刻体验羽毛球运动的独特魅力。

快乐教学法旨在更有效地推进大学羽毛球教学,这两种方法是相互补充的。在采用快乐法进行教学的过程中,许多教师可能会过分关注学生的课堂体验,过分强调学生的快乐感受,并在体育课中让学生自由玩耍。这样的教学方法既不能为学生提供羽毛球相关的理论知识,也不能有效地帮助他们掌握羽毛球的关键技术。为了让学生在学习羽毛球的旅程中真正体验到运动的乐趣,教师需要明确快乐教学与羽毛球教学之间的联系,并在寓教于乐的方式下,激发学生的学习热情。

(2)通过运用游戏教学方法,我们可以为学生创造一个更加丰富的课堂环境。游戏教学方法,可以将体育竞技和游戏的娱乐与趣味融为一体,使学生在参与体育活动的过程中深刻感受到身体锻炼的价值,并享受到体育活动带来的快乐。在体育教学过程中,教师可以将相关游戏与学生的身体和心理特点相融合,从而更有效地激发学生参与体育活动的热情和积极性。

在大学生的羽毛球教育过程中,教育者需要根据这一年龄段学生的心理和身体成长特点,科学地选择合适的游戏项目。在羽毛球的教学活动中,游戏通常被作为课前的预备学习环节或课堂后的放松环节。如果将游戏融入整个教学流程中,教育者必须明确,不能仅仅依赖游戏,而要在教授羽毛球知识和玩羽毛球相关游戏之间找到恰当的平衡点。希望通过游戏教学方法,学生能在合适的游戏活动中体验羽毛球的知识魅力,并进一步增强他们的身体健康。

(3)把学生的需求放在首位,根据每个学生的特点进行教学。每个人都是独特的存在,每个学生都有其独特的性格和特点。大学体育教学工作者应该学会利用学生的个性差异,尊重他们的个性,并有针对性地进行教学活动。

(三)羽毛球运动训练的方法

1.课前预习与训练

这种教学方法要求学生在上课前,根据自己的学习进度和教师设定的课程内容,先自行研读教材,初步掌握即将学习的运动技巧。同时,考虑到羽毛球运动的独特性和标准,学生还需要进行身体素质的培训,以确保为即将到来的课程做好充分的体能准备。当学生采用这种方法时,他们应该考虑以下三个关键点。

(1)培养预习的好习惯。学生应当主动培养自己在课前进行预习和实际训练的好习惯。在教学过程中,教师应根据预习指导的要求,仔细研读教材,深入了解动作的基本概念和标准。对于那些难以理解或不清晰的问题,学生应记录下来,并在课堂上寻求指导。在课前进行的训练不仅可以锻炼身体素质,还可以对上一堂课的技术动作进行练习,以巩固所学的技能。

(2)预习要有计划。课前预习和训练应有计划地安排,课前的训练要恰当,不要做自己目前力所不能及的动作或训练,以免发生伤害事故。

(3)预习要有正确的方法。教师让学生进行课前预习和实际训练时,应当给予一定的指导,确保学生能够掌握正确的学习策略。

2. 相互指导学习

相互指导学习法是指学生在课内或课外进行技术训练时互教互学,既可培养学生观察和解决问题的能力,也可达到保证技术训练的正确性和有效性的目的。运用这一方法时应注意以下三点。

(1)树立正确的动作概念。学生需要对自己的技术动作有准确的理解,并掌握一系列相关的训练技巧和教学方法。教师在课堂教学中应熟练地运用所教的技巧和方法。

(2)提高观察能力。学生需要增强自己的观察力和识别错误动作的能力,学习根据观察到的现象找出原因,并提出相应的改进策略和措施。

(3)积极分析问题。为了有效地学习和应用各种练习技巧,学生需要学会相互提问和识别问题,深入分析错误动作背后的原因,并提供纠正这些错误动作的策略。我们需要采取更严格的安全手段,以免发生伤害事故。

3. 自学自练

自学自练是指学生根据自己的实际情况,按照教师课上的提示和指导,进行自学自练的方法,运用这一方法时应该注意以下两点。

(1)目的要明确。我们可以将其分为两类:一是纠正课堂上的不当行为,加强正确的教学技巧;二是为了进一步提升运动能力,在进行前者的练习时,必须严格遵循教师在课堂上给出的指导和要求,并经常用准确的技术观念和动作要点来进行自我提醒和比较,后者需要明确如何有效地提升自己的能力。

(2)提高自我评价能力。当学生自学和自练时,他们应该得到教师的专业指导和协助。学生应该积极地向教师咨询,希望教师能根据他们的技术水平,深入分析问题的根源,找出存在的不足,并为他们提供自学和自练的具体方法、需要注意的事项以及必要的安全措施。在自学和自练的过程中,应当具备一定程度的自我调整和自我评估能力。

4. 自我暗示学习

自我暗示学习法是指学生在羽毛球课内学习或课外训练中,通过有针对性的词语等刺激对自我的心理施加影响,即通过第二信号系统的作用,调节大脑兴奋水平和动作。羽毛球技术教学的实践证明,这是一种十分有效的学习方法。运用这一方法时应注意以下三点。

(1)必须有正确的技术动作概念。技术动作的基本概念和关键要点要明确。当学生进行技术训练的时候,首先应该在脑海中思考正确的技术动作的关键点,并提醒或暗示自己应该按照正确的技术动作来进行练习。学生也可以首先回顾教师展示的动作,接着根据他们正确的示范和给出的动作重点进行相应的训练。

(2)想练结合。在进行课堂教学时,教师需要对学生的动作进行深入的分析和评估,特别是在练习过程中,教师指出的错误动作,应经常提醒学生留意,并鼓励他们多加练习,使之与实际操作相结合。

(3)要有信心。对于那些身体状况不佳或技术掌握缓慢的学生来说,在培训过程中,他们应该经常提醒自己要建立坚定的学习信念,并具备完成动作所需的身体能力。

5. 模拟演练训练法

在对大学生进行羽毛球教学时,模拟演练是一个可行的教学方法。模拟演练训练实质上是一种对学生已经掌握的羽毛球技能和方法进行多次反复练习的方法。在具体的执行过程中,可以多次练习视频中的球拍握法,例如在实际操作中反复练习球拍握法,以确保自己的球拍握法是规范的。同时,学生也可以学习视频中的发球练习法,并进行实践演练,这样可以避免在实际发球时感到手足无措。在实际教学活动中,教师通过对某些技术手法的动作分解,可以帮助学生更好地观察和理解技术动作的关键点,从而激发他们对羽毛球的学习热情,鼓励他们积极学习羽毛球的打法,这也为学校提供了一个更好的羽毛球教学环境。在羽毛球模拟训练的多种方法中,主要存在以下三种训练方式。

第一,颠球训练法。颠球训练法的主要目标是确保学生在练习过程中能够准确地抓住球拍,保持手臂向上的发力能力,并精确控制手臂发力的幅度和羽毛球落拍的具体位置,同时也要注意在击球过程中,手指应从松弛状态逐渐变得紧绷。

第二,不同高度的吊线球练习训练法。在进行训练时,教师必须确保学生手持球拍的方法是正确的:首先用正手练习发球,过一段时间后再用反手进行发球练习,接着调整吊线的高度,进行反复的练习。

第三,在运动场上练习发球。经过颠球训练法和不同高度的吊线球练习之后,学生在运动场上进行发球练习就需要确保从握拍到发球姿势等一系列动作的规范和连贯性。这些训练方法可以提升学生的羽毛球技能,从而提高羽毛球训练的质量。

6. 实战训练法

羽毛球训练的核心是实战应用,因此,将实战融入羽毛球的训练中,有助于将实战经验与体育活动紧密结合。在实际操作中,我们能够观察到羽毛球的教学和训练效果,同时也能发现现有训练和教学方法的不足,这为教师提供了改进教学方式的机会。同理,学生在实际比赛中不仅可以迅速提升自己的羽毛球技巧,还能在实战中加深对羽毛球的热爱。通过增加实战经验的分享,学生可以更好地将理论与实践相结合,从而更深入地理解这些理论知识,这对羽毛球教学的实施具有至关重要的作用。

第六章　大学体育教学力量素质实践训练研究

任何活动都离不开力量,力量是运动之源。力量素质更是体能中非常重要的一部分。为了让大家了解现代力量素质训练的基础知识,本章将讲述力量素质的概念、训练意义、分类、影响要素、训练方法、注意事项等有关内容。

第一节　力量素质及影响力量的因素

一、力量素质及力量素质训练的意义

(一)力量素质的概念

人体在任何运动中都离不开肌肉的收缩力量,它会维持人体的基础生活能力。力量在人体中可以分为内力和外力。内力是人体神经肌肉系统活动时对抗和克服外力的能力;外力是因外阻力而引起的力,比如克服重力、摩擦力等。

力量是身体素质的一种。力量素质是人体获得身体某部分肌肉工作时克服阻力的能力。在人体参加运动时,力量素质是肌肉力量,即机体完成动作时肌肉收缩对抗阻力的能力。力量素质主要是通过肌肉的工作形式表现出来的,如肌肉在工作时要克服的阻力有内部阻力和外部阻力。内部阻力是指肌肉间的对抗力、肌肉的黏滞性等。外部阻力包括摩擦力、物体重量、空气阻力等。决定肌肉力量大小的因素主要有以下三种:

(1)完成动作时肌肉群收缩的合力。

(2)肌肉群收缩的协调能力。

(3)骨杠杆的机械率。

从上述内容中可以看出,力量源于肌肉。正常成年男女的肌肉占体重百分比为:男性约43.5%,女性约35%。而经常参加力量性运动项目的男子百分比可达45%以上。因此,力量是提高运动能力的基础,力量素质则是衡量运动训练水平的重要指标之一。

(二)力量素质训练的意义

力量素质对人参加运动项目和从事各种活动有很大的影响,是人体运动的基本素质,也是衡量一个人运动训练水平的重要指标之一,它的意义主要有以下四个方面:

1. 力量素质是运动的基础

我们参加的各种运动项目都是通过主动器官带动被动器官完成的,主动运动器官主要以肌肉为主,被动器官主要是骨骼,通过各种负荷强度、收缩速度、持续时间的不同以带动骨骼移动,从而完成运动动作。如果没有肌肉的收缩和舒张产生的力量牵拉骨骼进行运动,那么连起码的行走和直立都不可能完成,更不要说完成运动技术动作了。人要想跳得高就必须发展自己的弹跳素质,人想跑得快就必须有很好的脚步后蹬力。因此,力量素质是人体最基本的身体素质。

2. 力量素质促进其他素质的发展

任何身体素质都是通过肌肉的不同工作方式来体现的,力量是所有素质的基础。力量素质对速度素质的提高、耐力素质的增长、柔韧素质的发挥和灵敏素质的表现起到了决定性的作用。提高力量素质是因为肌肉的快速收缩是以其力量为前提的。从生活常识中可以得知,一个强有力的人总比体弱者能持续活动更长时间。在提高力量、速度时,肌肉的弹性会相应增加,从而促进灵敏素质和柔韧素质的发展。

3. 力量素质的水平直接影响运动水平

力量素质的增长对运动水平的提高有直接的影响,它直接反映了运动技术掌握的快慢及运动成绩提高的程度。一些运动项目中的高难度动作都是以一定的肌肉力量为基础的。在很多运动项目中,力量和爆发力都是决定运动成绩的重要因素,如田径运动等。除长距离跑的主要因素为耐力之外,其他运动项目的高水平运动成绩都与力量素质的发挥紧密相关,在投掷项目中更是如此。

4. 力量素质是衡量运动训练水平的重要指标

在运动训练实践过程中,力量素质是判断运动训练水平的一项重要指标,也是判断其运动潜力的重要依据,同时还是运动选材的依据之一。例如,在对体操运动员进行运动训练水平判断或是在选拔运动员时,运动员在完成各种技术动作的过程中虽然要借助外力的力量,但是他们自身协调用力也起到非常重要的作用。因此,对力量素质的发展必须给予足够的重视,尤其是速度力量,往往成为选拔运动员苗子的重要指标。另外,在一些球类运动中,突然的跑、跳跃、传球等都要求运动员具备良好的爆发性力量。因此,在选拔篮球队员和判断运动训练水平时,力量素质的测评占非常重要的比例。

二、力量素质的分类

对于所有的竞技运动项目来说,力量素质在五大素质中都占据着非常重要的地位,对运动成绩的取得起着至关重要的作用。运动员力量素质的水平决定着速度力量与力量耐力素质。一般来说,力量素质主要分为最大力量、速度力量与力量耐力三种类型。

(一)最大力量

最大力量是指肌肉在随意一次最大限度收缩中,神经肌肉系统所能产生的最大力。在竞技运动项目训练中,最大力量往往表现为可能克服和排除的外阻力的大小。

运动员参与竞技运动训练,其最大力量并不是一成不变的,而是常常处于动态变化之中,这就要求运动员不断发掘自身潜力,充分发挥自己的最大力量,以保证力量训练的效果。

通常情况下,最大力量训练多用于投掷、举重、摔跤、体操和柔道等竞技体育项目中。力量型运动项目的运动员常常采用增大肌肉体积,发展肌肉内和肌肉间协调性的方法,以达到提高最大力量的目的。

(二)速度力量

速度力量是指神经肌肉系统以最快速度发挥最大力量的能力,即在最短的时间内最大用力的能力。速度力量对所有需要"爆发性"运动项目的成绩起着非常重要的作用,如短跑、跳远等项目。据研究发现,当运动员发挥速度力量时间小于150毫秒时,爆发力和起动力发挥主要作用;当运动员发挥速度力量时间超过150毫秒时,则最大力量起作用。速度力量通常是以速度和加速度的形式表现出来的。在田径、举重、柔道、摔跤、短程游泳、球类、体操、对抗类项目、室内自行车和短程速滑等竞技运动项目中,速度力量都扮演着重要的角色,发挥着重要的作用。

一般来说,速度力量主要有爆发力、弹跳力和起动力三种特殊的表现形式,主要包括以下内容。

1. 爆发力

爆发力是指神经肌肉系统以最短的时间产生最大加速度所爆发出的最大肌肉力量的能力,它可以在150毫秒之内达到最大力值。爆发力通常用力的梯度和冲量来表示。爆发力是利用肌肉弹性能的一种力量,即在爆发力产生之前有一个极短暂的肌肉预拉长瞬间产生弹性能(约为原肌肉长度的5%),迅速向相反方向用力收缩的动作过程,如田径运动中的掷标枪项目,运动员在助跑投掷前展现出的满弓状就同爆发力有着密切关系。在众多以速度力量为主的运动项目中,爆发力对运动成绩起着至关重要的作用。

2. 弹跳力

弹跳力是指神经肌肉系统在触地前瞬间被拉长,之后在自动(触地)转化为缩短的过程中,以很高的加速度朝相反方向运动使身体产生跃起的能力。与爆发力相比,弹跳力有一个触地的动作过程。肌肉拉伸速度越快,肌肉工作的转换就越快,而起跳的高度也越高。

3. 起动力

起动力是指神经肌肉系统在极短的时间内发展尽量高的力量的能力,即在用力开始后约 50 毫秒就能达到较高力值的能力。在速度力量中,起动力是收缩时间最短的力,是必须在对信号作出迅速反应的运动项目上所表现出的一种力量能力。

(三)力量耐力

力量耐力是指运动员机体耐受疲劳的能力,且以持续表现力的较高能力为特征,如竞技运动中的现代五项、铁人三项、中长跑、划艇、公路自行车以及足球等项目,均需要长时间抗疲劳的能力。

三、力量素质的影响要素

(一)人体的生长发育

1. 性别

人体生长发育受性别因素的影响较大,性别对力量发展也具有十分重要的影响。通常男性力量大于女性,这是因为男性肌肉体积往往更大,所以,在力量训练中,女子力量的增长和肌肉体积的增大比男子慢。

2. 年龄

在人体生长发育过程中,年龄对人体的肌肉力量也有显著影响。10周岁以前男女随着生长发育力量都在缓慢且平稳地增长,没有明显区别。男女最大力量的差异在 11 岁时渐渐体现出来,男性增长较快,而女性则相对缓慢;青春期后女性力量虽依旧在增长,但增长速度很慢。男性力量的巅峰期在25岁左右,而女性在20岁左右,过了这一时期,力量逐渐消减。

3. 身高和体重

身高和体重也对力量素质有显著影响。一般情况下,体重重的人往往力量大,体重轻的人则力量小些。最大力量会伴随着体重增长而增长,而身高和力量的关系则并没有绝对的必然联系。如果一个人高大且强壮,那么他的力量也会相对较强。如果一个人高大却很纤瘦,那么其最大力量未必很强。

4. 体型

体型直接关系到力量的大小。粗壮型体格的人往往肌肉发达,所以力量较大;体型匀称的人由于比较均衡,所以有着很好的速度力量素质;体型细长的人由于肌肉含量少,所以力量较小;肥胖型的人虽然看似最大力量较大,但从相对力量的角度来看的话,其力量水平并不高。

5. 脂肪

脂肪也在一定程度上影响着人的力量素质。肌肉中有一定量的脂肪,这些脂肪在肌肉运动中不参与收缩,同时还会产生摩擦,降低肌肉传导力量的效率。因此,减少脂肪含量能够提升力量。

6. 睾丸酮激素

睾丸酮激素的水平对力量的影响非常大。睾丸酮激素水平高,其力量也比较大。

(二)肌肉的结构和特性

1. 肌纤维的类型

骨骼肌纤维按不同的收缩特性可分为快肌和慢肌两类。快肌产生的收缩力要大于慢肌,因此,在其他条件不变的情况下,机体骨骼肌中快肌纤维百分比越高的人,他的肌肉收缩力量越大。一般情况下,人体肌肉的快肌纤维与慢肌纤维的百分比构成大致相等。另外,受到遗传因素的影响,其肌肉中的白肌纤维或者红肌纤维比例比常人较大。同一个人红白肌纤维的比例在不同部位不同,参加肌肉收缩的肌纤维类型在不同负荷,以不同动作速度进行运动的条件下也不同。一般规律是:在一定负荷强度下用较慢的速度完成动作,红肌纤维起主导作用;如果是快速完成动作,则是白肌纤维起主导作用。

2.肌肉的生理横断面

最大肌肉横断面积指的是横切某块肌肉所有肌纤维获得的横断面面积,肌肉的生理横断面为该肌肉所有肌纤维横断面的总和。横断面积的大小是由肌纤维的数量及粗细决定的,通常用平方厘米表示。肌肉的生理横断面积决定了该肌肉的绝对肌力。机体中肌肉的最大横断面积越大,肌肉的力量就越大,两者成正比。在力量训练中,虽然肌肉横断面积并不能完全解释机体力量表现出来的所有生理学现象,但是增大肌肉横断面积是提高肌肉力量的有效手段之一。

3.肌纤维的支撑附着面

肌肉内结缔组织增多或减少、肌腱与韧带组织增粗或变细都会改变肌肉的附着面大小,对肌肉的收缩力量也会产生很大的影响。

4.肌肉的初长度

肌肉收缩前的初长度也会影响肌肉力量的大小。因为肌肉拉长时,肌梭将感知肌纤维长度变化产生冲动,会提高肌纤维回缩力来对抗拉力。当长度拉到一定程度时将引起牵张反射,可提高肌力的发挥效率,所以在一定范围内,肌肉的初长度长或者肌肉弹性拉长后,肌肉收缩时产生的张力和缩短的程度就大。肌肉体积的发展潜力主要取决于个人的肌肉长度(指肌肉两头肌腱之间的长度),肌肉的长度是先天遗传的,后天训练对其并不产生任何影响。

5.肌肉的牵拉角度

肌肉收缩牵拉骨骼做功是杠杆运动模型。做功时杠杆移动,肌肉在不同位置的不同角度上牵拉力量的大小是不一样的。负重屈肘弯举,当肘关节角度在115°~120°时,肱二头肌张力最大;当肘关节角度在30°时,肱二头肌张力最小。在运动中,练习者对肌肉的牵拉角度必须进行认真的分析,从而进行技术分析、改进技术动作等。

6. 肌肉收缩的形式

肌肉收缩形式不同,对肌肉力量大小及其特点带来的影响也不同。肌肉收缩的形式主要包括动力性离心退让性收缩、动力性向心克制性收缩、等动性收缩、静力性等长收缩等。

动力性离心退让性收缩的特点是在肌肉收缩时,张力增加的同时肌肉长度也会增加。动力性向心克制性收缩是力量素质训练的主要形式,其特点是肌肉工作时,肌肉长度逐渐缩短,肌肉在缩短过程中,张力会随着关节角度的变化而发生改变。等动性收缩的特点是在整个关节活动范围内肌肉始终以某种张力收缩,而收缩速度始终恒定,它能集等长收缩和等张收缩的优点于一身,使训练者的肌肉在各个关节上用力均衡,并且都具有足够的刺激。静力性等长收缩的特点是即使张力发生变化,其肌肉长度也基本保持不变,在整个动作过程中,肢体不会产生明显的位置移动。

(三)中枢神经系统的调节机制

1. 神经中枢对肌肉活动的支持及调节能力

神经中枢对肌肉群起着协调支持的作用。肌肉发挥最大力量并不是由于肌肉的收缩,而是由于合理的神经冲动,因此,肌肉的力量及其发展易受中枢神经系统机能状态的影响。

2. 神经过程的频率与强度

神经过程的频率以及强度对力量的影响也非常明显。因此,合理的训练能使运动神经过程的频率和强度更高。

(四)训练相关因素

1. 训练基础

训练基础对力量素质的发展有一定的影响。训练基础好的运动员,力量增长速度就比较快,而训练基础不是很好的运动员刚开始训练的时候力量增长较快,但如果停止训练,其力量素质也会有一定程度地消退。力量提高的速度是力量消退速度的三倍,因此,力量提高得越快,停练后力量消退的速度也就越快。如果经过长时间的训练,力量得到提高后再停练,消退时间也会更长。因此,最大力量训练应当每周进行一次,这有利于最大力量的保持。

2.训练方法

训练方法也是影响力量素质的因素之一。不同的训练方法对力量的大小和特性的影响也不同。等张收缩的动力性练习可以明显提高肌肉的爆发性力量和灵活性,等长收缩的静力性练习可以提高静止性用力的力量。

第二节 力量素质训练方法设计

一、躯干力量素质训练方法设计

(一)杠铃练习

1.负重转体

训练方法:练习者身体直立,双膝向前,身体外侧微屈,双脚左右开立约肩半宽。练习者肩负轻杠铃,微仰头,尽量向身体一侧转体至最大限度约180°,再向身体另一侧转体直至最大限度。重复练习。

注意事项:练习者躯干要保持直立,双脚保持固定,以下肢带动骨盆和躯干完成动作。

2.负重体侧屈

训练方法:练习者身体直立,双脚左右开立约一肩半宽,肩负轻杠铃,微仰头。练习者尽量向身体一侧屈上体,然后向身体另一侧屈上体直至最大限度。重复练习。

注意事项:练习者只在腰部完成躯干侧向屈伸,膝关节保持伸直。练习者躯干向左屈时呼气,向右屈时吸气。

3. 硬拉

训练方法:练习者身体直立,双脚左右开立约一肩半宽,双手在大腿两侧前方握杠铃,微仰头。练习者身体前屈使杠铃接触地面,躯干前屈时呼气,上伸时吸气。重复练习。

注意事项:练习者双臂和膝关节保持伸直,只使用背部肌肉力量。

4. 负重体前屈

训练方法:练习者身体直立,双脚左右开立约一肩半宽,肩负轻杠铃,微仰头。前屈身体直至与地面平行姿势,然后伸背、伸髋,恢复直立姿势。重复练习。

注意事项:练习者背要伸直,膝关节保持伸直,且保持躯干前屈时呼气,上伸时吸气。

(二)哑铃练习

1. 持哑铃体前屈转体

训练方法:练习者双脚约以两倍肩宽间距左右开立,掌心向内持哑铃,另一只手扶在腿上。练习者持哑铃体前屈,使哑铃尽量接触对侧脚尖,然后竖直躯干。重复练习。

注意事项:练习者只使用躯干成体前屈和转体动作,肘、膝关节保持固定不变。

2. 持哑铃体侧屈

训练方法:练习者双脚约以肩宽间距左右开立,一只手掌心向内持哑铃,另一只手扶腰。练习者向持哑铃一侧尽量屈体,然后竖直躯干并尽量向反方向屈体。重复练习。

注意事项:练习者要保持背部伸直,腰部完成侧屈动作,且髋和膝关节固定。

(三)其他辅助练习

1.侧卧腿绕环

训练方法:练习者身体伸展侧卧在斜板上,上侧腿做绕环动作。练习者尽量大幅度完成动作,换腿。重复练习。

注意事项:练习者膝关节要伸直,只用髋部肌群力量完成动作。

2.背肌转体

训练方法:练习者身体伸展俯卧在山羊上,腿部固定在肋木上或由同伴帮助固定,上体下屈。练习者两手交叉贴在头后,伸展身体至水平位置转体,身体左右方向转动。重复练习。

注意事项:练习者膝关节要伸直,用背部肌群力量完成动作,若想加大难度可以手持重物。

3.侧卧提腿

训练方法:练习者身体伸展侧卧在器械上,上侧脚的踝关节固定在拉力器绳索或橡胶带上。当拉力方向靠近身体斜下方时,练习者尽量快速向上提腿。重复练习。

注意事项:练习者膝关节要伸直,只用髋部和躯干两侧肌群力量完成动作。

4.仰卧转髋

训练方法:练习者仰卧在垫子上,双手握在头后固定横杆上,收腹屈膝,快速向身体两侧转髋,使腿贴在垫子上。重复练习。

注意事项:练习者双脚要并拢,贴在垫子上,只用腰部完成动作。

5.两头起

训练方法:练习者仰卧在垫子上,身体充分伸展,双臂贴在头两侧伸直用肌群力量快速屈体,使手和脚在空中接触。重复练习。

注意事项:练习者四肢要充分伸直,快速完成练习。

二、上肢力量素质的训练方法

(一)杠铃练习

1. 颈后伸臂

训练方法:练习者身体直立,双手约以肩宽间距反握轻杠铃于头后部。用力伸双臂向上提升杠铃,然后屈臂放下杠铃于原处。重复练习。

注意事项:练习者尽量快速完成动作,且动作过程中略微低头。

2. 屈肘

训练方法:练习者身体直立,双手约以肩宽间距反握杠铃于身体前部。练习者可以用力屈双臂向上提升杠铃,然后伸臂放下杠铃于原处。重复练习。

注意事项:练习者要快速完成动作,且动作过程中身体要保持稳定。

3. 屈腕

训练方法:练习者双手持轻杠铃坐在凳子上,膝部支撑肘部,连续进行手腕屈伸动作。

注意事项:练习者肘关节大约90°夹角,只用腕部完成动作,且前臂与地面约保持45°夹角。

(二)实心球和瑞士球练习

1. 实心球移动俯卧撑

训练方法:俯卧,练习者一只手撑在球上,另一只手和双脚掌撑地,身体呈一直线。练习者把两只手都放在实心球上,完成俯卧撑,换另一只手撑地。身体左右移动,练习者的两只手轮流撑在球上。重复练习。

注意事项:练习者的双手放在实心球两侧,以肘部下降引导身体下降。练习者要尽量快速完成练习,全身充分伸展,保持平衡。

2. 侧俯卧屈肘

训练方法:练习者手持一个较重的哑铃,其重力能够使人屈肘时在球上前后移动。练习者的躯干侧俯卧在球上,固定练习臂,充分伸展练习臂后进行屈肘练习。

注意事项:练习者伸展练习臂时,人要随球滚动前移,需要几秒钟完成伸展动作,且身体后移过程中完成屈肘。

3. 压臂固定瑞士球

训练方法:练习者躯干正直坐在长凳上,一侧臂水平外展用手压住球。同伴以 60%～75% 的力量向侧面各个方向拍球,练习者尽最大努力防止球运动。

注意事项:球和练习者的身体要保持稳定。如果想加大难度,练习者可以在身体的各个方向伸臂固定瑞士球。

4. 俯卧撑起跪推实心球

训练方法:练习者与同伴相对跪立,约 5 米间距,其中一人双手在胸前持实心球。持球人身体前倒,顺势向上方双手推出实心球,推出球后双手撑地。双手迅速推地,将身体恢复跪立姿势,准备接球。重复练习。

注意事项:两人始终目光接触,协调配合,且动作尽量迅速完成。

(三)其他辅助练习

1. 引体向上

训练方法:练习者双手掌心向前,约以肩宽为间距直臂握住单杠。练习者屈肩和肘关节向上拉引身体。重复练习。

注意事项:由直臂身体悬垂姿势开始,练习者向上拉引身体至下颌接近单杠。练习者尽量用肩、臂力量完成动作。

2. 双杠臂撑起

训练方法:练习者双手掌心向下,约以肩宽为间距直臂在双杠上支撑身体。练习者先屈肩和肘关节向下降低身体高度,然后再撑起身体。重复练习。

注意事项:由直臂支撑身体姿势开始,练习者向下降低身体使双手接近肩部,且尽量用肩、臂力量完成动作。

3.倒立走

训练方法:练习者呈倒立姿势用双臂向前移动身体。同伴可帮助扶住双腿维持平衡。

注意事项:练习者要在安全的地面或垫子上练习。如果想加大难度,练习者可以向各个方向转动身体。

4.爬绳

训练方法:练习者双臂微屈,双手握住绳索,双手依次握住更高位置,拉引身体提升高度。

注意事项:练习者可以用肩、臂力量完成动作。如果上肢力量不足,练习者可用双脚夹住绳索以增加助力。

三、全身力量素质训练

(一)踩T形板传接实心球

训练方法:练习者双脚以肩宽站在T形板上,手持实心球,与同伴相距约2步相对站立。练习者要保持屈膝、收腹姿势。两人相互传接实心球,接球后在T形板上保持平衡2秒钟再后传出。

(二)持实心球侧蹲

训练方法:练习者双脚以肩宽左右开立,向左侧分步进入侧蹲姿势,重心移到左腿上。练习者充分前伸双臂前送实心球,保持此姿势2秒钟。练习者的右腿蹬离地面形成开始姿势,左右腿交换,重复练习。

注意事项:练习者躯干不得扭转。若想加大难度,练习者可持重球或加快动作节奏。练习时,练习者要保持膝关节在踝关节垂直上方。若想加大难度,练习者可持重球,改变多种动作方向或加快动作节奏。

(三)肩上侧后抛实心球

训练方法:练习者双手持实心球于胸前,背对投掷方向,双脚以肩宽左右开立,保持屈膝、收腹姿势。抛球前下蹲,练习者将球沿身体一侧转到身后,然后以下肢发力带动躯干回转实心球,将球从身体另一侧肩上向后抛出。

注意事项:练习者要注意身体环节自下而上的用力顺序。若想加大难度,练习者可以持重球,改变多种动作方向或跳起抛球。

四、爆发力的训练方法

爆发力训练的目的是刺激神经肌肉系统进行快速交替,即在最短的时间内完成从拉伸肌肉(离心收缩)到收缩肌肉(向心收缩)。其训练方法包括以下两种:

(一)杠铃练习

1. 连续高抓

训练方法:练习者将杠铃放在身体两侧40~50厘米高的支撑物上,双手宽间距握住杠铃杆。由半蹲姿势开始,练习者的腿、髋发力尽量向上提拉杠铃。当杠铃接近最高点时降低身体重心,练习者翻肩、翻腕上推,并移杠铃到头后上部,然后举起杠铃呈直立姿势,接着返回开始姿势。重复练习。

注意事项:练习者要快速完成动作过程,掌握好翻肩、翻腕上推杠铃的时机。腿、髋发力带动躯干和肩部用力,完成动作后,脚跟尽量提起。

2. 高拉

训练方法:练习者将杠铃放在身体两侧40~50cm高的支撑物上,双手宽间距握住杠铃杆。之后练习者由半蹲姿势开始,腿、髋发力尽量向上提拉杠铃,返回开始姿势。重复练习。

注意事项:练习者快速完成动作过程,腿、髋发力带动躯干和肩部用力,完成动作后,脚跟尽量提起。

3. 高翻

训练方法:练习者将杠铃放在地面上,双手以肩宽为间距握住杠铃杆。由下蹲姿势开始,练习者的腿、髋发力尽量向上提拉杠铃。当杠铃接近胸上部时降低身体重心,练习者翻肩、翻腕支撑,固定杠铃在胸上部。练习者身体呈直立姿势,然后返回开始姿势。重复练习。

注意事项:练习者要快速完成动作过程,掌握好翻肩、翻腕支撑杠铃的时机。腿、髋发力带动躯干和肩部协调用力,上拉动作过程中脚跟尽量提起。

4. 抓举

训练方法:练习者下蹲,双手宽间距握住杠铃杆,用腿、髋发力尽量向上提拉杠铃。当杠铃接近最高点时降低身体重心,练习者翻肩、翻腕上推并移杠铃到头后上部,然后举起杠铃呈直立姿势,返回开始姿势。

注意事项:练习者要快速完成动作过程,掌握好翻肩、翻腕上推杠铃的时机。练习者腿、髋发力带动躯干和肩部协调用力,上拉动作过程中脚跟尽量提起。

5. 连续快挺

训练方法:练习者翻肩、翻腕支撑,固定杠铃在胸上部,双手以肩宽为间距握住杠铃杆。练习者的身体呈直立姿势,略微降低身体重心,利用双腿发力快速上举杠铃。练习者的腿呈弓箭步,直臂支撑杠铃,然后返回开始姿势,重复练习。

注意事项:练习者要快速、连贯地完成动作过程,下肢完成弓箭步与上举杠铃动作同时完成。练习者的腿、髋发力带动躯干和肩部协调用力,动作过程中脚跟尽量提起。

6. 挺举

训练方法:练习者将杠铃放在地面上,双手以肩宽为间距握住杠铃杆。由下蹲姿势开始,练习者的腿、髋发力尽量向上提拉杠铃。当杠铃接近胸上部时降低身体重心,练习者翻肩、翻腕支撑,固定杠铃在胸上部。练习者的身体呈直立姿势,略微下蹲快速上举杠铃,双腿呈弓箭步,直臂支撑杠铃。练习者的呈直立姿势支撑杠铃,再返回开始姿势,重复练习。

注意事项：练习者要快速完成动作过程，掌握好翻肩、翻腕支撑杠铃的时机。腿、髋发力带动躯干和肩部协调用力，上拉动作过程中脚跟尽量提起。

(二)球类练习

1. 上步推实心球

训练方法：练习者双脚以肩宽左右开立面向同伴，同伴手持实心球。同伴将球传向一侧肩部，当球接近身体时，练习者向前跨一步单手接球，接到球立即将球推出传给同伴，恢复开始姿势，重复练习。

注意事项：练习者身体环节要以自下而上的顺序用力，快速完成动作过程。

2. 蹲跳传接实心球

训练方法：练习者双手持实心球，与同伴相距约6步相对站立。在传球前，练习者下蹲使球接触地面。练习者的腿、髋和躯干依次发力，人体爆发式跳起，双手向前方推出实心球。

注意事项：同伴要在球落地反弹后接球。若想加大难度，练习者可以持重球，改变多种动作方向或加快动作节奏。

第三节　力量素质训练的注意事项

一、找准训练方向

由于项目的不同，很多运动项目的技术动作结构会有很大的区别，因此需要参加工作的肌肉群力量就不同，需要的力量素质也不同。如田径运动中的短跑项目，需要竭尽全力连续快速蹬地向前推进的力量；投掷需要竭尽全力使运动器械获得最大加速度的爆发力量；跳跃需要有良好的爆发力和弹跳能力。因此，力量训练要根据专项技术的动作结构来选择恰当的练习方式,以便训练相应的肌肉群力量,提高运动成绩。另外,也可以通过研究肌肉来了解主要肌群力量特性、工作方式、用力方向、关节角度等,从而确定力量训练的方法,训练专项力量素质。只有紧密结合专项特点安排力量训练,力量素质训练才能收到更好的效果。

二、端正训练态度

肌肉活动只有依靠中枢神经系统的调节才能进行。在进行力量素质训练时,要集中精神、全神贯注,意识要跟上练习,与练习动作紧密配合、保持一致。这样练习才有助于更好地训练肌肉力量。尤其是在训练负荷较大时,注意力应高度集中,否则容易受伤。练习时切忌嬉笑打闹,因为人在笑的时候肌肉处于放松状态,一不小心就易造成损伤。为了保证练习安全,达到期望效果,练习者要有自我保护意识。此外,练习者还要学会互相保护,尤其是在肩负极限重量时。

三、规范训练方法

(一)呼吸方法要正确

进行力量练习时,通常采用的呼吸方法是用力时憋气,完成动作或放松时呼气(练习前自然吸气练习憋气,然后自然呼气)。由于憋气可以提高练习时的力量,所以极限用力一般都是在憋气情况下进行的。憋气是指在吸气之后紧闭声门,尽力地做憋气动作。在运动中憋气有利于固定胸廓,增强腰背肌的紧张程度,能够发挥人体潜在的力量。因此,极限的用力只有在憋气的状态下才能进行。虽然憋气可以挖掘练习的潜力,但用力憋气时会引起胸廓内压急剧升高,迫使动脉血液循环受阻,易导致供血不足、脑缺氧,甚至发生休克。憋气后,胸内压骤降,回血量猛增,心脏负担加大,易发生窒息。为防止运动中出现不良后果,需注意以下六点:

(1)给初练者安排极限用力的训练内容要尽可能少一些,初练者可以在训练中先学会正确地运用呼吸和调整呼吸的方法。

(2)首先最大用力的时间较短,可以不憋气时就不要憋气;其次重复作用力不太大的练习时,应尽量不憋气。

(3)做最大用力练习时,练习者可以运用狭窄的声门进行呼气,也能达到与憋气类似的力量指标。

(4)为避免通过憋气来完成练习,练习者开始训练时的极限和次极限用力的练习不要太多。

(5)力量练习时间短暂,练习者吸的气并不会立即在练习中产生作用,因此,练习者完成力量练习前不应做最深的吸气。

(6)练习者用狭窄的声带进行呼气几乎也可达到与憋气类似的效果,因此,在做最大用力练习时,可采用慢呼气来协助最大用力练习的完成。

(二)严格要求训练动作符合技术规格

在进行力量素质训练时,练习者的每一个力量练习动作都有技术规格要求。练习者要按照技术规格要求去训练,才能更好地训练肌肉群的力量。如果技术动作不规范、走样,那么参与活动的肌群就会改变,从而影响力量训练的效果。比如,做臂弯举动作时,练习者要求身体直立,两臂贴于体侧,只依靠肘关节的充分屈伸来完成。如果练习者为了贪图省力举得重,依靠身体的前后摆动来完成动作,那么发展肱二头肌的效果要差很多,因为身体摆动时腰背肌肉、臀部和大腿后面的伸髋肌群也参与了工作。

此外,正确掌握技术动作,可以防止意外事故的发生。比如,做深蹲练习时,练习者要挺胸直腰,腰背肌收紧以固定脊柱,主要依靠膝关节的屈伸和髋关节的屈伸来完成动作。若站不起来,练习者的腰背肌也要一直保持收紧,等待同伴的保护帮助,这样既安全又有效果。如果练习者弓腰练习,尤其是在站不起来时,腰弓得更加厉害,这样就比较容易造成腰部损伤。

（三）训练负荷要循序渐进增加

大负荷是指在进行力量素质训练时，训练的负荷强度和训练总量一般要用练习者能承受的最大负荷或接近最大负荷。练习者采用大负荷训练能迫使肌肉进行最大收缩，可以刺激人体产生一系列的生理适应性变化，从而导致肌肉力量的增加。为了达到大负荷，训练无疑要保持较大的强度，或者要保持较多的数量。

进行力量素质训练后力量增长，原来的大重量负荷就逐渐改变为小负荷。要继续保持大负荷，就必须循序渐进增加负荷。如训练开始时，某人用20千克做臂弯举，反复举8次出现疲劳。在训练一段时间后他能用20千克连续举起12次，这时就要增加负荷至其又能举起8次的重量。这样，就可使有关的肌肉群始终在大负荷状态下工作。

很多运动员采用"超负荷训练"方式，即要求肌肉完成超出平时的负荷。"超负荷训练"会引起肌肉成分，特别是肌蛋白分解肌肉的成分重新组合，肌蛋白含量得到提高，从而使肌肉更加粗壮有力，导致超量恢复的产生。他们会不断有目的、有计划地安排"超负荷训练"以引起超量恢复，达到迅速发展力量素质的目的。但是这种方法只适合大多数优秀运动员，并不适合初学者或者运动能力不高的人。

四、科学调整肌肉状态

练习者在进行力量素质训练时，首先要让肌肉充分伸展拉长，然后再使其收缩。练习者的动作幅度要大，这是因为肌纤维被拉长后既可增大收缩的力量，又能够保持肌肉良好的弹性和收缩速度。练习者在完成力量素质训练后，肌肉会充血，很胀很硬。这时练习者要做一些与力量练习动作相反的拉长动作，或者做一些按摩、抖动，充分放松肌肉。这样做既可加快疲劳消除，促恢复，又可防止关节柔韧性因力量训练而下降，同时有助于保持肌肉良好的弹性和收缩速度。

综上所述，速度素质是体能素质的重要内容，在竞技运动中起着举足轻重的作用，有些时候甚至是决定运动成绩高低和比赛胜负的关键。

第七章　大学体育教学速度素质实践训练研究

第一节　速度素质及影响速度的因素

一、速度素质的概念

　　速度是指人的身体或某一身体部位快速改变原有运动状态的能力。速度素质包括三个方面,即快速完成动作的能力、快速经过某种规定距离的能力和对外界刺激或各种应激反应的快速判断能力。速度是大多数运动员能否取得优异成绩的关键因素之一,如田径比赛中的 100 米跑就是一项典型的运动员之间比拼快速运动能力的比赛项目。虽然有些运动项目本身不比速度,但速度对运动成绩有着直接的影响,如世界著名运动员刘易斯,当他跳远成绩达到 8.91 米时,他的 100 米成绩已达到 9 秒 86。还比如,在铅球运动中更多的是依靠直接力量和通过旋转"助跑"产生的间接力量,但在铅球"助跑"和投掷那一刻仍旧需要腰部的快速转动和手臂的快速投掷。除此之外,速度素质还是挑选年轻运动员的重要指标之一。综上所述,速度素质的训练在运动员日常体能训练中的地位就可见一斑了。

二、速度素质的分类

　　速度素质是人身体素质中的一项,前面提到了快速完成动作的能力、快速经过某种规定距离的能力和对外界刺激或各种应激反应的快速判断能力是速度素质的三个方面。简单地说,这三个方面的表现形式可以表述为动作速度、周期性运动中的移动速度和反应速度。

(一)动作速度

动作速度是指人体或人体某一部位在单位时间内完成某种动作或完成次数的时长。动作速度根据其表现形式的不同,可以分为动作速度、组合动作速度和动作速率三种。例如,跳高运动员屈腿起跳的腿部动作就属于单一动作速度;撑竿跳运动员完成预备、助跑、撑竿、过杆和落地的动作全过程速度就属于成套动作速度;径赛运动员跑步步幅的快慢就属于动作速率。

神经系统能控制人体的各种运动机能,也即动作速度的快慢与神经系统的兴奋和敏感度有极大的关系。当人受到内、外刺激强度较大时,人体神经系统就处在兴奋的状态下,随之而来的就是其传递信号的速度加快,从人体表象上看就显现为身体的协调性增强,使得动作速度加快和反应能力增强,反之则使动作速度变慢和反应能力减弱。另外,人体各器官系统的准备状态也会决定动作速度的快慢,如没有做好准备活动的运动员,其身体的动作速度和反应速度势必会有一定程度的缩减。而技术动作的娴熟程度也会影响动作速度,如刚刚学习足球运动的人,其动作完成速度和频率都比熟练掌握这些技术动作的人要慢许多。

(二)移动速度

移动速度是指在单位时间内人体快速移动的能力。移动速度的计算方法可以参照物理公式 $v=s/t$。在公式中,v 表示物体移动的速度,它是距离 s 与通过该距离的时间 t 之比。

与动作速度相同的是,移动速度的快慢也与人体神经系统所处的状态有关,且移动速度的快慢和能力与神经系统的兴奋性呈正比例关系。这些现象最终也将直接体现为人体移动速度的加快。

研究表明,人体的移动速度不仅可以依靠后天训练和培养得到提高,而且还会受遗传因素影响。例如,父母从小参与各种训练,获得了快速移动的反应能力,那么他们的子女在这方面的素质也不会太差,或者在后天的培养和训练中在速度方面的提高会更快。在技术动作中,移动速度可分为平均速度、加速度和最高速度。

（三）反应速度

反应速度是指人体对外界各种刺激信息的回应能力。反应速度的快慢取决于刺激信息被传导所需的时间,信息传递几乎是在瞬间完成的,这段瞬间的快速时间被称为"反应时"。"反应时"与反应速度呈反比例关系,即"反应时"越长,人的反应速度就越慢;"反应时"越短,人的反应速度就越快。良好的反应速度可以体现在很多方面,比如短跑运动员听到发令枪响后到起动之间的反应时间;足球运动中守门员在判断射门方向并作出扑救动作的时间;乒乓球运动员通常在 0.15 秒内就要根据对方的引拍方向、击球瞬间和击球声音来判断飞来的球的线路、旋转和可能的落点;等等。

神经过程的感觉时间和思维判别时间是反应速度的基础,因此,很多因素会直接影响神经过程,进而间接影响反应速度。

动作速度、移动速度与反应速度作为速度素质的评判标准,它们之间相互区别又彼此联系,共同对速度素质的最终表现施加影响。因此,在发展速度素质的过程中,要考虑三者之间的相互关系,就移动速度而言,反应速度是前提条件,动作速度是基础。

三、影响速度素质的因素

前面提到了动作速度、移动速度与反应速度之间的联系和区别。这种区别尤其体现在三者的内部机制方面,如反应速度主要表现在神经活动层面,而动作速度和移动速度则反映在人体肌肉活动方面。这些影响速度素质训练的因素具体分析如下:

（一）反应速度的影响因素

1. 感官的敏感程度

人体的感觉器官是接收外界信号源的"设备",人体感官的敏感程度决定了人们对外界信号感受时间的长短。敏感程度越强,收集和传递信号的时间过程就越短;反之则越长。而注意力的集中程度,又是决定感官敏感程度的因素。例如,百米赛跑运动员在起跑时必须全神贯注地听发令枪的声音,此时他的感觉器官若处在高度集中的状态下,反应速度则会得到很大的提高;反之,若没有集中精神,则极易使反应速度减慢。感觉器官除受到注意力程度的影响之外,还会受到人体疲劳程度的影响,如跳高运动员长时间练习腾空动作后,必然会导致腾空动作所要使用的肌肉变得疲劳,这时人体的反应时间就会延长,造成动作越发脱离标准的现象。

2. 肌纤维的兴奋性

肌肉纤维兴奋的程度也对反应速度的快慢起着重要的作用。有关方面研究发现,肌肉处于紧张状态时的反应时间要比处于放松状态时的反应时间缩短7%左右。但是,这种紧张状态必须在一定的限度内,而不能是过度紧张,否则会因肌肉过度紧张使运动技术动作变形,起到事倍功半的不利效果。当肌肉过度劳累产生极强的疲劳感时,肌肉对应激反应的时间会明显延长。通过这个规律可知,反应速度会因注意力的集中程度、疲劳程度与反应过程的影响而发生变化。

3. 中枢神经系统机能

反射活动受刺激信号的影响会显现出不同的状态,如刺激信号的选择性越大,反射活动就越复杂,运动员要在单位时间内作出的思考就越多。中枢神经对刺激信号的分析时间主要与神经兴奋性以及条件反射建立的巩固程度有关。除此之外,运动员对运动技术动作的熟练程度也是决定反应速度快慢的因素之一,当运动员刚刚接触新技术不久时,运动员自身对这项技术尚未熟悉,作出每个动作都需要较长时间的思考,而随着技术动作逐渐成熟,新的肌肉记忆也随之形成,此时运动员对所做动作便不用过多加以思考,可在"下意识"作出技术动作的同时考虑更多内容,这就很好地说明了反应的时间在明显缩短。

(二)动作速度、移动速度的影响因素

影响动作速度与移动速度的因素主要是肌肉运动能力的高低。动作速度和移动速度是肌肉系统在最短时间内用最大的力形成快速活动的形式。由于人体肌肉活动受到多方面因素的影响，因此，动作速度和移动速度也有较多的影响因素。具体有以下影响因素：

1.人体体型

人体的体型对速度素质影响的方面较多。其中，影响较大的方面在于人体体长（身高）、四肢长度等。以田径运动为例，在两名运动员身高、体重条件一致的情况下，由于四肢的长度与相关部位（手臂、腿部）运动速度成正比，上下肢越长的运动员，他们的运动速度就越快。例如，在田径项目中，径赛运动员的下肢长度通常决定了运动成绩，因为他腿长较长，所以他跨出一步的距离相比腿长较短的运动员要大一些。在分秒必争的比赛中，每一步打出的一点优势，就决定了最终比赛的胜负。因此，在选择对运动速度要求较高的运动项目（如田径、游泳、体操等）的运动人才时，运动员身体的体型会被作为一个重要选材指标。

2.生理影响

（1）肌肉类型与肌力。速度素质是需要肌肉收缩来实现的，而肌肉纤维又是组成肌肉的基本物质。人体的肌肉（主要指对运动产生影响最大的骨骼肌）可以分为快肌纤维（白肌纤维）、慢肌纤维（红肌纤维）和中间型纤维三种。这三种类型的肌纤维，对速度素质起到重要影响的是快肌纤维。因此，快肌纤维占肌肉含量百分比越高，人体快速运动的能力也就越强。但是，快肌纤维在运动中被过度利用会产生一定的"副作用"，即运动积累到一定程度后会产生强烈的疲劳感。

人体肌肉的弹性及其在运动中不断交替工作的方式是准确完成技术动作的重要保证。除此之外，关节的柔韧性也是不能被忽视的。尽管关节的柔韧性虽然不是直接决定速度的因素，但它对某些需要肢体大幅度完成动作（如步幅）速度的促进作用十分明显。所以，根据这一情况可以考虑在速度素质训练过程中，安排一些对关节柔韧度有较大帮助的练习。

(2)神经活动过程。神经活动过程的灵活性,是指神经中枢兴奋与抑制之间快速转换的能力。神经中枢对人体的运动起到至关重要的作用,它是人体在运动中保持协调和作出快速反应的"指挥部"。只有敏感、快速的神经活动过程才能在运动中迅速调动所有必要的肌肉协作参与活动,同时它还能更有效地抑制对抗肌的影响。

在运动中,肌肉并非时刻保持高度的紧张状态,适时的放松也是积蓄力量的环节,而神经活动过程的灵活性能够起到控制肌肉放松的作用。因此,当运动员在做有关移动速度的训练时,如果能做一些放松与紧张的肌肉转换练习,就能使肌肉效率大大增加,有利于较长时间维持肌肉高速运动。

3. 心理影响

对于动作速度和位移速度的心理影响,主要与自身注意力集中程度有关。作为一种心理定向能力,注意力集中对中枢神经的兴奋性与迅速转换有极大的影响。除此之外,它还对肌纤维的收缩效果与紧张程度有着很重要的作用。虽然注意力在适度专注的情况下,可以提高动作速度和移动速度,但是这种专注力过于膨胀时,就会向紧张心情靠拢,紧张的情绪反而会在一定程度上制约动作速度和移动速度。

4. 力量发展方式

力量的发展水平对许多运动项目来说是决定性的,如田径运动或对抗性较强的足球、篮球等运动。人体加速度产生的原因就是力量的作用,力量大小与其可以制造出的加速度成正比。人体的力量分为相对力量和绝对力量,对于相对力量较大的人,其肌肉容易在运动中克服内、外部阻力,产生快速的收缩速度。除此之外,动作速度和移动速度不光依靠人们的相对力量,还受到运动技术娴熟度的影响。例如,在撑竿跳高比赛中,如果运动员的全套动作有某个环节是整体技术动作的短板,那么他在完成撑杆跳动作时就会有一定的顾虑,直接表现出来的行为就是适当放慢速度以顺利完成有缺陷的动作。

第二节 速度素质训练方法设计

一、上肢速度素质的训练方法

(一)摆臂

训练方法:两腿并拢,上肢以短跑动作前后摆臂,肘关节弯曲约 90°。前摆手摆到约肩部高度,后摆手摆到臀部之后。

训练要求:这种训练方法的目的在于提高运动员摆臂动作效率和固定正确的上体跑动姿势,要求训练的技术动作要准确。

(二)俯卧撑撑起击掌

训练方法:双手撑地,双脚掌撑地,身体呈一线。向身体下方屈肘,而后快速撑起身体并击掌,恢复开始姿势,重复练习。此方法可以训练运动员上臂后部和肩部肌肉群动作速度和爆发力。

训练要求:练习时,运动员要快速完成动作,以肘部下降引导身体下降。全身充分伸展,保持平衡。

(三)仰卧快速斜推哑铃

训练方法:将瑞士球放置于地面,首先运动员坐在瑞士球上,然后呈仰卧姿势,此时头部枕在球上,体重由背部支撑,连续快速推举哑铃。此方法可以发展运动员的胸肌、肩部肌肉群等的速度力量,与此同时训练身体的平衡性和稳定能力。

训练要求:练习时,运动员注意双脚分开的距离要大于骨盆宽。推举哑铃要到位,一般举起位置应在眼睛垂直上方。

(四)快速滑动俯卧撑

训练方法:将髋部压在球上,双臂撑地并相互交替前行,前移使身体在球上前移呈俯卧撑姿势,直至小腿搭在球上支撑。此时再做一个俯卧撑动作后用手按刚才的程序反向退回到开始姿势,如此往复。此方法可以发展运动员胸部、肩部肌肉群速度力量以及身体支撑和稳定能力。

训练要求：练习时，运动员要保持身体完全处于伸直的姿势。在适应了此动作的负荷后，还可以通过在俯卧撑姿势下抬起一条腿，或者将双手和一条腿放在球上支撑完成俯卧撑，从而加大负荷。

（五）连续左右转髋

训练方法：双臂侧平举，两脚左右开立略宽于肩。右脚在左脚前，向身体左侧移动落地（前交叉步），然后还原开始姿势。右脚在左脚后，向身体左侧移动落地（后交叉步），还原开始姿势，重复练习。此方法可以训练运动员的骨盆、髋部和双脚的动作速度和灵活性。

训练要求：练习时，运动员上体的朝向要始终保持一致，尽量选择多用骨盆转动和下肢移动快速完成动作。运动员在适应原有负荷后可以使用加快动作速度或加大幅度练习的方法提高负荷，也可以根据专项需要进行反方向的练习。

（六）连续交叉步

训练方法：双臂侧平举，双脚左右开立，用前脚掌支撑身体，身体快速向左侧移动。右脚通过左脚前方向身体左侧移动落地（前交叉步），然后恢复至开始姿势。此方法主要训练运动员骨盆、髋部和双脚的动作速度和灵活性。

训练要求：练习时，运动员的双脚要始终朝向移动方向，尽量用骨盆和下肢快速完成动作。运动员可以根据专项需要进行反方向的练习。

（七）绳梯180°转体跳

训练方法：身体半蹲，双脚左右开立，以前脚掌支撑身体，每只脚站在一个格子里。身体跳起在空中转体180°，双脚各落在前面的格子中。身体跳起在空中向反方向转体180°，双脚各落在前面的格子中。这个动作重复练习。此方法可以训练运动员骨盆、髋部和双脚的动作速度、灵活性以及周边视觉能力。

训练要求：练习时，运动员的身体要始终向绳梯的同一方向移动，尽量用骨盆和下肢快速完成动作。

(八)快速传接实心球

训练方法:运动员与同伴相对站立,稍微屈膝,两人间距为3～4米。运动员与同伴双手持实心球于胸前,进行连续传接练习。此方法可以训练运动员胸部、肩部、臂部肌肉群速度力量和爆发力。

训练要求:练习时,运动员要双臂充分伸直接球。如果想加大难度,可以增加球的重量和两人间距。

(九)前抛实心球

训练方法:面对抛掷方向,双脚左右开立约一肩半宽,直臂双手持实心球举过头顶。团身下摆实心球至两腿间,然后迅速蹬腿、挺身、挥臂向身体前上方抛出实心球。此方法可以训练运动员下肢、背部、肩部和上肢的动作速度和爆发力。

训练要求:练习时,运动员要注意身体环节用力顺序是自下而上,且需要迅猛完成动作。

(十)后抛实心球

训练方法:背对抛掷方向,双脚左右开立约一肩半宽,直臂双手持实心球举过头顶。团身下摆实心球至两小腿间,后迅速蹬腿、挺身、挥臂向身体后上方抛出实心球。此方法可以训练运动员下肢、背部、肩部和上肢的动作速度和爆发力。

训练要求:练习时,运动员身体环节用力的顺序是自下而上,并迅猛完成动作。

二、下肢速度素质的训练方法

(一)后踢腿

训练方法:从慢跑开始,使摆动腿脚跟拍击臀部,膝关节在弯曲过程中向前上摆动。此方法可以有效提高运动员脚的动作速度。

训练要求:练习时,运动员上体要保持正直,可以根据运动员的实际能力适当加快步频。

(二)脚回环

训练方法:单腿支撑,手扶固定物维持平衡。一只脚以短跑动作进行回环练习。此方法主要是用来训练运动员摆动腿的快速折叠和前摆能力。

训练要求:练习时,运动员要在动作过程中回环拍击臀部,以扒地动作结束。脚的回环动作路线在身体前面完成。

(三)跑步动作平衡

训练方法:采用最高速度时的单腿支撑姿势,左脚用脚掌支撑,肘关节弯曲约90°。左手在肩部高度,右手在髋部高度,右腿高抬,右脚踝靠近臀部。此方法主要是为了提高运动员踝关节肌肉群的紧张度和稳定支撑能力。

训练要求:练习时,运动员要保持这个姿势20～60秒。还可以采用负重背心,或者站在不稳定的海绵垫上来加大动作难度。

(四)踝关节小步跑

训练方法:采用很小的步长快跑,强调脚底肌群蹬地和踝关节屈伸动作,以脚掌蹬离地面。此方法主要是用来训练运动员脚的动作速度和踝关节肌群弹性力量。

训练要求:练习时,运动员要做到脚部动作快速而安静,尽量减少脚掌与地面的接触时间。

(五)折叠腿大步走

训练方法:运动员以短跑的身体姿势和摆臂动作大步走。摆动腿高抬并充分屈膝,脚靠近臀部并且翘脚尖。此方法可以提高运动员脚的动作速度。

训练要求:练习时,当摆动腿抬至最高位置时,后蹬腿支撑脚底部肌群用力屈踝快速蹬地。

(六)跐步折叠腿大步走

训练方法:与折叠腿大步走相同,但后蹬腿需加上跐步。身体腾空时摆动腿充分折叠。此方法主要是用来训练运动员快速屈髋和伸髋的能力,提高踝关节紧张度。

训练要求:练习时,运动员脚部要快速落地,但不要发出声音,强调踝关节的紧张度。

(七)跨步高抬腿伸膝走

训练方法：与折叠腿大步走相同，但在高抬摆动腿后需在身体前充分伸膝，同时还要加上跨步。此方法可以有效提高运动员快速伸髋和大腿后部肌群的快速发力能力。

训练要求：练习时，运动员要在摆动腿的脚下落时扒地，推动髋部向前。

(八)跨步折叠腿大步走拉胶带

训练方法：在两个踝关节上系胶带，胶带的另一端固定在地面上。与跨步折叠腿大步走动作相同，快速完成练习。此方法可以提高运动员的步频，提高快速伸髋和折叠膝关节能力。

训练要求：练习时，要注意它所强调的腿部爆发式伸髋和下落扒地动作，迅速推动髋部向前。

(九)跨步高抬腿伸膝走拉胶带

训练方法：在两个踝关节上系胶带，胶带的另一端固定于地面。与跨步高抬腿伸膝走相同，快速完成练习。此方法可以有效增加运动员的步长和步频，提高快速伸髋能力和固定踝关节肌群的紧张度。

训练要求：在练习时，强调腿的爆发式伸髋和下落扒地动作，迅速推动髋部向前。

(十)高抬腿跑绳梯

训练方法：双脚在同一格内落地，尽快跑过每格约50厘米间距的绳梯或小棍。此方法可以提高运动员的步频和快速高抬折叠腿的能力。

训练要求：练习时，强调先进入小格的摆动腿高抬。

第三节　速度素质训练的注意事项

一、速度素质训练的一般注意事项

速度素质的发展受多种因素的影响。为了有效提高人体的快速运动

能力,在练习中必须注意如下事项:

(一)合理安排速度素质训练的顺序与时间

各种身体素质及运动能力之间是相互联系、相互促进和相互制约的。在发展某一素质,会或多或少、或直接或间接地引起其他素质的变化。因此,发展速度素质时应处理好同其他素质的关系,合理安排练习的顺序,使得各种身体素质互相促进。

速度练习中,练习者常使用发展力量的手段来促进速度,尤其是静力性力量练习,因为动作缓慢会降低神经过程和肌肉活动的灵活性。而速度素质要求神经过程具有较高的灵活性,兴奋与抑制可以迅速转换,肌肉收缩可以轻松协调。因此,速度练习应放在力量练习之前进行,力量练习也应以动力性力量为主。在力量练习过程中,练习者应交替安排一些轻松、快速地跑跳练习或一些协调性和柔韧性练习,这对发展速度素质十分必要。

速度素质练习的时间应安排在练习者身心状态最佳、精力最充沛的时候进行。因为人体疲劳后神经过程灵活性降低,兴奋与抑制的快速转换不可能建立,在这时发展速度素质效果不好。

(二)速度素质训练与专项技术相结合

速度类练习对本身练习之外动作速度发展的迁移效果较低,即速度练习只是更多地局限于诱发练习动作本身的速度能力。因此,速度练习需要结合专项技术动作要求进行,具有较高的专门性。如短跑运动员的反应速度训练应着重提高听觉的反应能力,球类运动员应着重提高视觉的反应能力,体操运动员应着重提高皮肤触觉的反应能力。一般人的视、听、触觉中,触觉反应最快,听觉反应次之,视觉反应较慢。动作速度训练应与各专项的技术要求相结合,让运动员在速度训练中能感觉到躯干等各部位的协调配合及在空间、时间方面的速度节奏,发展专项技术所需要的动作速度能力。

(三)保证练习者体能训练环境安全

必须保证训练环境的安全,练习者速度训练前要进行充分的准备活动,保证速度训练后的充分休息和身体恢复。当运动员进行速度练习时,如果所发出的力量以及动作频率、动作幅度超过了最大的限度,那么将给运动员带来巨大的受伤危险。速度练习中的负荷对运动员的肌肉、肌腱和韧带提出了很高的要求,因此运动发生损伤的潜在危险性很高。运动损伤的发生主要原因有三方面。首先,如训练手段缺乏变化、负荷过大、在气温较低或运动员疲劳的情况下运动负荷的安排不当,或者是速度训练所要求的直接准备(准备活动)不充分而引起的肌肉放松能力下降等。所以对任何速度练习来说,在比赛或训练前认真进行专门的准备活动是非常有必要的。其次,在早晨的训练时间里应该注意不要安排最大强度的速度练习。如果肌肉出现疼痛或痉挛等迹象,训练的原有负荷就应该停止。在气温较低的天气里,应当选择恰当的服装(运动服),还应该采用按摩和放松练习等训练手段。如果在皮肤上涂抹强力物质来促进血液循环,必须使用经过有关医疗卫生部门批准的物质。最后,练习者还需要在保障场地设施安全的条件下进行速度训练,注意穿透气良好、宽大的运动服和适宜的鞋袜。

(四)从体能训练者实际情况出发

训练内容的安排要充分考虑练习者训练水平和身体状态的可接受程度,在速度练习前要保证练习者身体疲劳完全恢复,要采用正确的技术动作和练习内容之间循序渐进的衔接顺序,先慢后快,先易后难。

人体适宜的工作状态对发展速度素质是十分必要的,其中包括神经系统的适宜状态、内脏系统的适宜状态和肌肉系统的适宜状态。这种适宜状态可以通过集中注意力和速度练习前用强度较小并保持一段时间的活动来满足。练习者注意力集中,可使神经系统处于适宜的兴奋状态,并使肌肉保持一定的紧张度。而强度较小并保持一段时间的活动能提高中枢神经系统功能,使内脏系统与肌肉系统间形成适宜的相互关系,对改善肌肉内协调性有良好作用。

(五)速度能力与其他能力协同发展

力量特别是快速力量和柔韧性,它们是影响速度素质的重要因素。首先,在发展速度素质时,要注意发展快速力量。如采用中小强度多次重复快速负重练习,使肌肉横断面和肌肉力量增大,并提高肌肉活动的灵活性。适当采用大强度练习,使肌肉用力时能够最大限度地动员更多的肌纤维同时进行收缩,提高肌肉的收缩功效。其次,柔韧性提高后可以增加力的作用范围和时间,同时能使肌肉内协调性得到改善,从而减少肌肉阻力和增大肌肉合力,最终促进运动速度的提高。

运动员整个身体或某些关节的运动速度,是实现理想运动成绩的决定性因素。而运动项目要求的最佳运动速度经常是由于关节协同发力的结果,但是速度和力量并不是同步发展的。在一些速度能力起决定性作用的运动项目训练中,较早地进行技术动作的速度训练是很重要的,但是这些训练不一定必须遵照基本的技术模式。在一些项目中,速度与体能训练有密切联系,因为速度可能与耐力、力量和灵活性紧密相关。此外,速度训练还可能与复杂的技术训练有关,因为速度训练需要针对项目的专门要求来安排,此外根据项目中所参与的有关力量、耐力和灵活性,以及项目所要求的最佳/最大速度和关节运动速度变化之间的协同配合程度的不同,这些专门要求也有所不同。

二、各类型速度素质训练的注意事项

(一)反应速度素质训练的注意事项

1. 动作熟练程度

反应速度的提高主要取决于练习者对应答信号的熟练程度。在运动中,对于动作娴熟、运用自如的练习者来说,一旦信号出现,就会即刻作出相应的应答动作。反之,则会作出迟钝的反应动作。这是由于感受器受到信号刺激,中枢神经无须再花费较长时间去沟通与运动器官的反射联系,因而提高反应速度的最好方法,就是反复多练。但在反复练习中,需要经常不断地变化练习刺激的时间和强度等因素,否则便会形成反应速度的动力定型,继而发生"反应速度障碍"。

2. 集中注意力

在运动中保持注意力集中,可使神经系统处于适宜的兴奋状态,并使肌肉收缩处在待发状态。实验证明,肌肉处在待发状态时,要比肌肉处于松弛状态的反应速度快60%左右。开展反应速度练习,肌肉紧张待发状态的时间大约为1.5秒,最长不得超过8秒。这里所说的注意力主要反映在完成的动作上,以及缩短反应潜伏期的时间。

3. 掌握多种技能

反应速度需要结合实际进行练习。如练习短距离起跑时,主要是练习听觉和动觉的反应速度,可采用"声"信号刺激来提高这种反应能力。又如格斗类项目动作复杂多变,这就要求练习者能在瞬间对各种复杂多变的条件作出迅速应答反应,为了达到这一要求,可多模拟实战演练或比赛的情况。因为格斗时对方采用的动作变化只在激烈的对抗中才能充分地显现出来,而反击对手的应答动作是否有效,则需要在对抗中得到检验。

(二)动作速度素质训练注意事项

1. 采用的动作应已熟练掌握

采用已熟练掌握的练习动作,可以使运动员在完成动作时无须把精力放在如何完成动作上,而是集中在完成动作的速度上,以提高动作速度的练习效果。

2. 掌握好练习的间歇时间和休息方式

由于练习动作速度强度比较大,因此要求练习者须有较高程度的兴奋性。为了保证整个练习过程不因疲劳而降低运动强度,并达到预定的练习效果,就需要严格掌握好练习的间歇时间和休息的方式。一方面,间歇时间应该长到植物性功能指标能得到较全面恢复的程度;另一方面,间歇时间应该短到神经兴奋不会因休息而产生本质性降低的程度。

3. 动作速度练习需要与练习项目相似

实践证明,如果运动员采用了与练习项目或动作结构不同的动作速度练习,那么他获得的动作速度不会积极地向练习项目或动作结构转移。例如,短距离跑练习可使体操跳马项目的助跑速度加快,但并不能因此获得器械上的旋转动作速度。这是因为旋转动作速度和动作速度的练习与感受器官和运动器官缺乏一致性。动作速度仅仅是提高水平速度的平行运动,而旋转动作速度则是物体围绕一个轴或点所做的圆周运动。只有将两者有机结合起来进行练习,才能达到预定的练习效果。例如,球类运动的反应练习可把视觉与四肢运动结合起来,格斗运动应把判断对手的动作与自己的攻防动作结合起来。练习者通过简化条件的反复练习,既可以提高反应速度和动作速度,又可以掌握正确的技术动作并协调速度的运用。

(三)移动速度素质训练的注意事项

1. 防止和克服速度障碍

当移动速度发展到一定水平时,练习者由于神经、肌肉系统等达到一定高峰后,在练习中积累、形成的步频、步幅、技术、节奏等就会产生相对稳定状态或动力定型,出现移动速度停滞,阻碍其继续提高的现象,从而出现速度障碍。

产生速度障碍的客观原因是:从运动技能形成规律上讲,技能动力定型的形成,使得练习者在已掌握技术动作的空间特征上固定下来,在时间特征上稳定下来;从技能形成的机制上讲,神经过程的灵活性对速度练习的作用比其他练习显得更为重要,而神经过程的灵活性练习难度是很大的;从能量供给上讲,肌肉收缩需要的能量值的立方与肌肉收缩的速度成正比;从运动医学上讲,人体向前移动所克服的阻力与其前进的速度平方成正比。

综上所述,产生运动障碍的主要原因是:过早地发展绝对速度,基础练习不够;技术动作不合理;训练手段片面、单调;负荷过度、恢复不当等。

在练习中,防止和避免速度障碍应注意以下五点:

(1)强化运动能力,发展全面身体素质,使练习者掌握好基本技术动作,提高机体的活动能力,不要过早、过细地进行专门化的练习。

(2)发展肌肉力量和弹性,培养练习者轻松自如、准确协调地完成动作的意识。

(3)练习手段要多样化,尤其要多采用一些发展速度力量的练习手段,以变化的频率和节奏完成动作,建立起中枢神经系统灵活多样的条件反射。

(4)采用极限速度练习时,安排适中的运动负荷。练习者在极限速度练习后要使肌肉得到一定的放松,这样做不仅可以尽快地恢复机体的活动能力,还可以促进纤维工作同步化和肌肉工作的协调性。

(5)采用减少外部阻力的练习。为了防止和避免速度障碍的形成,练习者在训练中可以通过变换练习方法或增加一些能够产生运动过程兴奋、具有强烈刺激的练习内容,如减少外部阻力的下坡跑、牵引跑、顺风跑等练习。因为多次重复新的刺激,能使练习者产生新的更快速度的动力定型。

2. 预防和克服心理障碍

心理障碍是妨碍练习者发展快速移动能力或潜力的主要因素之一,如认为对自己成功与否难以预测,自信心较弱,消极思维导致过度紧张和焦虑,感觉提高成绩是不可能的事。要克服心理障碍应做到以下四点:

(1)要激发练习者顽强拼搏、奋勇进取的勇敢精神和坚定的信心,并设置适宜的目标。

(2)可在练习中有意识地安排一些接力跑、集体游戏等练习内容,激发练习者在练习中发挥快速移动的能力。

(3)在练习中有针对性地采用一些竞赛活动,通过斗智、较力比速度、比技术、比成绩,激励练习者的高昂斗志和运动动机,使练习者在竞争中充分发挥速度水平的潜力。

(4)在练习或测验、考核、比赛中,可采用"让步赛"的活动形式,即强者让出一定的优势给弱者,以促使练习者尽量发挥最快的速度水平。

3. 注重肌肉放松的练习

肌肉放松对速度提高有着极为重要的作用。因为肌肉放松,张弛有度,能够减少肌肉本身的内阻力,增强肌肉合力,促进血液循环旺盛。生理学研究表明,当肌肉紧张度达到 $60\%\sim80\%$ 时,将严重阻碍血液流动,动作协调性严重失控,已具备的快速能力将无从发挥;而肌肉放松时,肌肉中的血流情况则大为改善,比紧张时提高 $15\sim16$ 倍。由于血液循环旺盛,能够给参加运动的肌肉输送大量的氧气,加快 ATP 再合成速度,节省能源物质,使得机体储备有限的 ATP 得到合理的利用,有效地提高肌肉收缩速度。

参考文献

[1]陈天庚.体育教学与体育文化融合研究[M].长春:吉林出版集团股份有限公司,2023.

[2]陈骁.大学体育教学的理论与实践研究[M].长春:吉林摄影出版社,2022.

[3]邓伟."分层教学"理论指导下高校体育教育教学改革研究与实践:以塔里木大学体育课程改革为例[J].青少年体育,2014(6):99-100.

[4]丁振宾,朱晓亚,罗丽俊.当代大学生体育运动理论与综合技能培养研究[M].长春:吉林科学技术出版社,2023.

[5]冯卫卫,李贵.民办高校大学生体质健康管理实践[M].哈尔滨:哈尔滨工程大学出版社,2023.

[6]李菁.基于通识教育大学体育课程思政理论架构与教学实践推进路径研究[J].当代体育科技,2023(28):143-147.

[7]刘畅,胡江华,陈立新.体育与健康[M].北京:中国水利水电出版社,2022.

[8]刘捷.高校体育教学的理论与应用研究:兼评《大学体育理论与实践教程》[J].中国高教研究,2017(3):112.

[9]刘晓明.大学体育教学中开设素质拓展课程的理论与实践研究[J].智库时代,2018(49):203,212.

[10]刘瑛,阿拉腾仓,任才.高校体育教学多元理论与运动方法设计研究[M].长春:吉林科学技术出版社,2023.

[11]刘莹.高校体育教学中开展拓展训练的意义:评《大学体育教育理论知识与运动实践研究》[J].中国高校科技,2020(6):109.

[12]罗畅伟.新时代高校公共体育教学改革理论与实践研究[M].北京：中国商业出版社,2023.

[13]毛永革.大学体育"双课堂"教学模式理论探索与实践研究[J].高教学刊,2021(36):101－105.

[14]戚欢欢,张建华.运动技能习得的默会认识论研究[M].桂林:广西师范大学出版社,2023.

[15]王敏婷.高校大学体育教学理论与实践[M].长春:吉林人民出版社,2023.

[16]王全昌.陕西省普通高校体育教学改革理论与实践研究:以西北大学为例[J].陕西教育(高教版),2012(6):72－73.

[17]王雪芹,丁焕香,张红品.信息化教学质量评价体系的构建及实践研究:以临沂大学体育专业理论课为例[J].哈尔滨体育学院学报,2019(3):6－10,16.

[18]王勇.大学生体育美育社会化新探[M].北京:中国人民大学出版社,2022.

[19]王哲.新时代大学体育文化建设与发展研究[M].长春:吉林科学技术出版社,2023.

[20]武东海,王守力,孙国栋,等.球类运动竞赛式教学法:理论与实践[M].广州:广州中山大学出版社,2022.

[21]熊伟平,李航,余刚.大学体育教育教学方法研究:评《大学体育教育理论知识与运动实践研究》[J].中国高校科技,2021(C1):150.

[22]许海啸.高校体育训练与健康教育研究[M].北京:中国原子能出版社,2024.

[23]易丽清.大学舞蹈教育教学思考[M].北京:中国书籍出版社,2022.

[24]张守元.田径专项理论与实践课教学改革研究:以集美大学体育学院运动训练专业为例[J].体育科学研究,2011(6):65－70.

[25]左为东.课程思政视角下高校体育教学模式研究[M].北京:中国纺

织出版社,2022.

[26]张雪莹.大学体育理论教学与实践活动研究:评《大学体育理论与实践教程》[J].中国学校卫生,2019(6):961.

[27]周琪.大学体育教学与运动训练方法研究[M].重庆:重庆出版社,2023.

[28]朱岩.大学体育混合课程教学研究[M].长春:吉林出版集团股份有限公司,2022.